Das erste Mal – wird's heut passieren?

K.L.A.R.

Annette Weber

K.
L.
A.
R.

Impressum

Titel
Kurz – **L**eicht – **A**ktuell – **R**eal
Das erste Mal – wird's heut passieren?

Autorin
Annette Weber

Titelbildmotiv
© Nautilus – Photocase.com

Verlag an der Ruhr
Mülheim an der Ruhr
www.verlagruhr.de

Ab 12 Jahre

ISBN 978-3-8346-2335-5

Printed in Germany

Begleitendes Unterrichtsmaterial:
K.L.A.R. – Literatur-Kartei:
„Das erste Mal – wird's heut passieren?"
Saskia Spielberg
Kl. 7–10, 64 S., A4, PDF

ISBN 978-3-8346-2336-2

Hallo!

Bevor du anfängst, dieses Buch zu lesen, will ich mich dir kurz vorstellen. Ich heiße Annette Weber und schreibe seit vielen Jahren Kinder- und Jugendbücher.
Ich lebe mit meinem Mann in Bad Lippspringe, einem kleinen Ort in Westfalen. Meine drei Söhne Alexander, Nils und Benjamin sind schon erwachsen und wohnen nicht mehr bei uns. Mein ältester Sohn ist sogar schon verheiratet und hat ein kleines Kind.
Als meine Söhne auszogen, wurde es still bei uns. Das hat mich erst sehr wehmütig gemacht, denn ich finde es schön, wenn es im Haus laut und trubelig zugeht. Nun haben mein Mann und ich uns aber daran gewöhnt, genießen unsere neue Unabhängigkeit und verreisen gerne.
Gott sei Dank kann ich meinen Schreibberuf von allen Plätzen der Welt ausüben – ich brauche nur einen Laptop und hin und wieder ein funktionierendes Internet.
Das Buch „Das erste Mal – wird's heut passieren?" habe ich aber an meinem Schreibtisch geschrieben, und zwar so schnell, dass ich

mich immer wieder zwingen musste, Pausen einzulegen. Sonst hätte ich es wahrscheinlich in einer Woche fertig gehabt.
Dabei war ich am Anfang so unsicher mit dem Thema und wusste gar nicht so recht, wie ich den Roman anfangen sollte. Aber dann fand ich meine Hauptfiguren Stella und Marcel. Und plötzlich geriet mein Schreiben in Fluss und ich konnte überhaupt nicht mehr aufhören. Das Thema ist aber auch soooooo verdammt spannend …

Ich wünsche dir viel Spaß beim Lesen!
Annette Weber

1.

„Mal gucken, was mir meine Omi heute wieder zum Frühstück mitgegeben hat." Vorsichtig öffnete Stella ihre blaue Brotdose und zog ein großes Chiabatta-Brötchen heraus. Es war mit Käse, Salat und gekochtem Schinken belegt.
„Ach Omi, du bist doch wieder ein Schatz!" Hungrig vergrub Stella ihre Zähne tief in ihrem Pausensnack.
„Du hast es gut! Meine Mutter käme nicht auf die Idee, mir noch ein Brot zu schmieren", meinte Eva und knabberte an dem Schokoriegel herum.
„Meine auch nicht." Leon schlang seinen Arm um Stella. „Lass mich mal beißen."
Stella schob ihn lachend weg.
„Hau ab! Geh wieder zu Eva! Mein Brötchen kriegst du nicht."
„Stella ist immer so hartherzig", jammerte Leon und umarmte nun Eva. „Kann ich mal ein bisschen an dir knabbern?"
Eva lachte und küsste ihn. Dann ließ sie ihn von ihrem Schokoriegel probieren.
Stella biss erneut von ihrem Brötchen ab.

Sie bemühte sich, dabei nicht zu Eva und Leon hinüberzuschauen. Die beiden waren erst seit letzter Woche zusammen, aber seitdem waren sie nur noch im Doppelpack anzutreffen.
Auf der anderen Seite der Pausenhalle standen Max und Amai und knutschten, als ob sie mit einen neuen Rekord im Dauerküssen ins Guinnessbuch der Rekorde kommen wollten. Überhaupt schien sich heute alle Welt abzulullern. „Wer knutscht, lebt länger", sagte Leon immer.
Wenn das stimmte, hatte Stella ein kurzes Leben zu erwarten. Sie hatte nämlich noch nie geküsst. Na gut, so kleine Knutschereien natürlich schon.
Mit Jakob Menne zum Beispiel. Damals am Steinbruch, als sie mit der Klasse das Lagerfeuer gemacht hatten. Oder mit Bastian im Schwimmbad auf der Decke. Aber so richtige verliebte Küsse wie die von Leon und Eva waren das nie gewesen. Man konnte sie eigentlich eher als Teststudien bezeichnen. Stella war nämlich weder in Jakob noch in Bastian verliebt gewesen, und die auch nicht in sie. Überhaupt hatte sie noch nie in ihrem Leben einen richtigen Freund gehabt.

„Das kommt schon noch, Kind“, sagte ihre Oma immer. „Eines Tages kommt der Richtige, und dann hörst du gar nicht mehr auf, zu knutschen.“
Aber Leon hätte eigentlich schon der Richtige werden können, fand Stella. Doch dann hatte er sich in Eva verliebt.
Und Tobi aus der 10. hatte ihr vor ein paar Monaten ganz klar gesagt, dass er auf Mädchen steht, nicht auf so Mannsweiber wie Stella. Das war ein ganz schöner Hammer gewesen. Stella musste noch heute schlucken, wenn sie an diese Worte dachte.
Vorsichtig betrachtete sie ihr Spiegelbild in der Fensterscheibe. Okay, sie trug eben gerne diese Militärhosen und weite T-Shirts. Aber deswegen musste Tobi doch nicht so tun, als wäre sie ein Mann.
Jedenfalls war sie nicht so eine alberne Tussa wie diese Elena, die jetzt kichernd zu ihnen hinüberkam.

„Bei uns ist vorhin was passiert!“, quietschte Elena, als sie bei ihnen angekommen war. Sie hielt sich die Hand vor den Mund, und ihre langen, gestylten Fingernägel bedeckten fast vollständig ihr Gesicht. „Oh mein Gott!“

„Wir platzen vor Spannung“, gähnte Stella. „Erzähl.“

Elena sah jetzt ein bisschen beleidigt aus. Aber sie konnte die Neuigkeit nicht für sich behalten.

„Wir haben heute einen Neuen gekriegt“, kicherte sie. „Aus der GGS Nord. Stellt euch vor, der kommt einfach in unsere Klasse, stellt sich überhaupt nicht vor oder so, sondern setzt sich gleich neben Alice. Daraufhin fragt Alice: ‚Kennen wir uns?‘ und dann sagt er …“

Elena quietschte wieder und warf den Kopf in den Nacken.

Stella verdrehte die Augen. Wie sie dieses Mädchengetue hasste!

„Was hat er denn gesagt?“, fragte sie genervt.

„Er sagte ‚Hatten wir …‘“ Wieder quietschte Elena und schüttelte sich vor Lachen.

Nun waren wirklich alle genervt.

„Oh Mensch, nun sag doch endlich“, rief auch Eva. „Sag es, oder lass uns mit deinem Quatsch in Ruhe.“

Elena biss sich auf die Unterlippe und bemühte sich, ihr Lachen zu unterdrücken.

„Er sagte: ‚Hatten wir nicht mal Sex auf dem Schulklo?'", brachte sie endlich heraus.
Nun lachten alle.
„Der hat es ja wohl voll drauf. Und was hat Alice gesagt?", fragte Eva, als sie sich endlich wieder eingekriegt hatte.
„Die ist voll rot geworden. Sie ist aufgesprungen und wollte nicht mehr neben ihm sitzen."
Elena lachte sich immer noch schlapp. Dann brach sie ab.
„Da kommt er übrigens", zischte sie und machte eine Kopfbewegung zum Schulhof hinüber.
„Wo?"
„Der mit der schwarzen Jacke?"
„Nein, mit dem weißen Hemd und der Jeans. Da! Der mit den dunklen Haaren."
Der Junge kam jetzt direkt auf Stella, Eva, Leon und Elena zu. Die vier starrten ihn mit großen Augen an.
„Ist was?", wandte er sich an Stella.
Stella grinste und ließ ihr Brötchen sinken.
„Du kommst mir so bekannt vor", sagte sie.
„Hatten wir nicht mal Sex im Kartenraum?"
Der Junge blieb nun direkt vor ihr stehen und starrte sie überrascht an. Dann musterte er sie von oben bis unten.

„Das wüsste ich aber“, meinte er schließlich, drehte sich um und ging wieder. Die anderen bogen sich vor Lachen.
„Oh Mann, typisch Stella!“, rief Elena.
„Der kann man ja überhaupt nichts erzählen.“
„Wieso, was hast du denn?“, grinste Stella.
„Ich weiß einfach nicht mehr, mit wem ich Sex hatte. Es ging alles so schnell, und es war so dunkel.“
Nun lachten sich alle kaputt. Eva harkte sich bei Stella unter.
„Oh, Stella, wenn wir dich nicht hätten, wäre die Schule echt öde“, prustete sie. „Ehrlich, ich komme nur wegen dir hierher.“
Stella grinste. Dann sah sie auf die Uhr.
„Gleich ist Zeitungs-AG. Da kann ich allerdings gar nichts reißen. Das ist bestimmt echt langweilig.“
„Warum macht ihr euch diese Arbeit überhaupt?“, wunderte sich Leon. „Die Schülerzeitung kauft doch sowieso kein Mensch.“
„Die nächste Ausgabe schon“, lachte Stella.
„Da mache ich schließlich mit!“

„Kinder, wir müssen uns unbedingt was einfallen lassen“, begann Yvonne die Teambesprechung für die Schülerzeitung. „Die letzte Ausgabe hat sich nur 13-mal verkauft.“
„13-mal? Bei 428 Schülern?“, schrie Stella entsetzt. „Vielleicht sollten wir als Erstes den Namen verändern. ‚Volltreffer‘ ist sowieso ein blöder Name. Nennen wir sie doch ‚Pleitegeier‘, das passt!“
Yvonne war leider nicht zum Lachen zu Mute. Ihr war diese Schülerzeitung eine echte Herzensangelegenheit. Und weil sie Stellas beste Freundin war, hatte diese sich sogar bereiterklärt, bei der Teamsitzung dabei zu sein. Eigentlich war Lesen und Schreiben überhaupt nicht Stellas Ding. Sie stand mehr auf Sport, spielte Handball und machte seit ein paar Jahren Thaiboxen. Wenn sie in einen Kampf einstieg, hatten die Jungen manchmal richtig ein bisschen Angst vor ihr.
Jetzt, wo Yvonne so niedergeschlagen aussah, tat sie Stella furchtbar leid.
„Wir müssen einfach ein cooles Thema finden“, schlug sie vor. „Das perfekte Thema, die richtige Überschrift, und dann reißen uns die Leute die Zeitung nur so aus den Händen.

Denk mal an die erfolgreichen Käseblättchen."
Sie wirbelte mit den Armen in der Luft herum.
„,Mann zerstückelt seine Schwiegermutter'.
Sowas kommt an."
„Ich weiß nicht", winkte Tobias ab. „Wir sind ja eine Schülerzeitung. Was soll das bei uns für eine Schlagzeile sein?"
„Naturschutz vielleicht", schlug Gisa vor. „Wie wir ein Biotop anlegen können."
„Könnte mich glatt umhauen", grinste Stella.
„Vor Langeweile."
„Oder wir schreiben über Lehrer", schlug Nagihan vor. „Bei uns hat der Peters gestern wieder so eine Uraltjacke angehabt. Bestimmt vom Flohmarkt."
„Lehrer? Voll öde", stöhnte Yvonne.
„Hatten wir auch schon hundertmal", meinte Tobias.
„Tausendmal", verbesserte Gisa.
Nun schwiegen alle. Es war einfach zu schwierig, so einen richtig guten Reißer zu finden. Einen Leitartikel, wie ihn Frau Wiese, die Deutschlehrerin, immer nannte. Irgendwas, was die Leute vom Hocker haute.
„Woran denkt man eigentlich immer so? Jeden Tag, meine ich", überlegte Yvonne.

„Geld!“ Tobias öffnete sein Portmonee. „Ich denke an Geld, und woher ich die Knete für das nächste Spiel kriege.“
In Stellas Gehirn spukte eine Idee herum.
„An Sex“, platzte sie schließlich heraus.
„An Sex denkt jeder.“
Alle lachten sich schlapp.
„Da kommt’s raus!“, rief Tim. „Und ihr Mädchen sagt immer, wir Jungen denken nur an Sex. In Wirklichkeit tut ihr es.“
Stella winkte ab. „Ich denke nicht pausenlos an Sex so wie du“, meinte sie. „Aber hin und wieder schon.“
„Und was denkst du dann?“ Tim beugte sich weit über den Tisch nach vorne und sah Stella direkt in die Augen.
Stella überlegte. „Herrgott, irgendwas. Was alle so denken.“
„Und was denken alle?“
Jetzt hatte sich auch Yvonne neugierig nach vorne gebeugt.
Stella verdrehte die Augen. So genau wollte sie das jetzt auch nicht erklären. Schon gar nicht vor den Jungs, die sie so neugierig anstarrten.
„Naja, die einen denken vielleicht ‚Wie kriege ich sie oder ihn rum?‘ Und die anderen ‚Wie

kann ich den Sex noch spannender machen?‘ Und die, die noch nie Sex hatten, überlegen doch bestimmt, wie es so ist, wenn man das erste Mal miteinander schläft. Ob es weh tut oder ob es schön ist oder so.“
Sie sah jetzt niemanden mehr an. Hoffentlich merkte niemand, dass sie zu denen gehörte, die das Letzte dachten. Denn auch sie hatte noch nie Sex gehabt.
Jens hatte sie sofort durchschaut.
„Wenn du willst, können wir gerne mal“, tönte er und grinste blöde.
Stella platzte fast vor Wut.
Ausgerechnet Jens musste sich jetzt so wichtig tun. Dabei wusste jeder, dass er noch nie eine Freundin gehabt hatte. Er war viel zu schüchtern.
„Halt doch mal die Klappe!“, fuhr ihn Yvonne an. „Es geht doch gar nicht um Stella. Es geht um diese Idee mit dem Thema.“
Stella war ihr dankbar dafür.
„Mein erstes Mal war jedenfalls total der Reinfall“, platzte Gisa heraus. „Ich war gerade mit Arne zugange. Wir natürlich total hektisch und so. Da geht die Tür auf …“
„Oh nein!“

„… und mein kleiner Bruder kommt rein und sagt: ‚Was macht Arne denn da?' Da war es natürlich vorbei."
Alle lachten schallend.
„Nee, ne?"
„Kleine Brüder müssten verboten werden!"
Jetzt redeten alle durcheinander. Jeder hatte eine lustige Geschichte zu erzählen. Plötzlich sprang Yvonne auf.
„Guckt euch doch mal um", rief sie. „Ihr seid doch auf einmal alle wie ausgewechselt. Jeder macht einen Spruch zu Stellas Vorschlag. Jeder hat was zu erzählen. Jeder ist total gespannt. Das zeigt doch, dass uns das Thema alle interessiert."
Die anderen lachten. Ja, das mussten sie zugeben: Spannend war das Thema.
„Also Sex!" Gisa schlug ihren Collegeblock auf und schrieb das Wort in großen Buchstaben auf eine freie Seite. Dann kaute sie an ihrem Stift herum. „Was könnte man zu dem Thema wissen wollen?"
„Wer schon mal hatte und wer noch nicht", meinte Tim.
„Und das möchtest du von dir in der Zeitung lesen? Du hast echt einen Knall", ätzte Yvonne.

„Wie es beim ersten Mal war“, warf Stella ein, bevor es zum Streit kommen konnte.
„Und dann auch so medizinische Sachen“, schlug Nagihan vor. „Wie die Geschlechtsteile alle so heißen und was genau passiert, wenn man es macht.“
Sie wurde ein bisschen rot. Das Thema war ihr ziemlich peinlich.
„Das steht doch in jedem Biobuch“, winkte Stella ab. „Wichtig ist, dass wir auch was Persönliches zu dem Thema schreiben.“
„Ich würde gerne wissen, wo man Kondome kauft und so.“ Das war wieder Tim.
„Und auch das Thema Verhütung und Aids muss rein. Sonst genehmigt die Schulleitung die Zeitung nachher nicht.“
Gisa schrieb und schrieb. Notierte Ideen, wie „Stellungen beim Sex“ und „Pleiten, Pech und Pannen“, aber auch „Sexuelle Praktiken“ und „Pornos.“ Im Nu waren zwei Seiten vollgeschrieben. So viele Ideen hatten sie schon lange nicht mehr gesammelt.
Zuletzt las Gisa alle Vorschläge noch einmal vor. Die anderen hörten gespannt zu.
„Wichtig ist natürlich, dass es jetzt kein Sexblatt wird“, bemerkte Yvonne. „Wir wollen

schließlich nicht dem Playboy Konkurrenz machen."
„Das wäre aber cool!" Jens konnte einfach seine blöde Klappe nicht halten. „Dann muss ich nicht immer meinen Bruder losschicken, um eine gute Sexzeitschrift ...."
Yvonne machte eine ungeduldige Handbewegung, und er verstummte.
„Also, das ist klar. Es geht nicht nur um Sex, sondern auch um Liebe und so."
Die anderen nickten. Nur Jens verdrehte die Augen. War ja klar. Er machte gerne einen auf welterfahrener Mädchenaufreißer.
„Also, okay, verteilen wir die Aufgaben. Wer macht was?", wollte Gisa wissen.
„Ich mache jedenfalls keine Befragungen in der Schule, so nach dem Motto: ‚Hast du schon oder noch nicht, und wenn ja, wie war es?'", rief Nagihan.
„Aber ich mache das", meinte Stella. „Mich interessiert das. Und ich traue mich das auch."
„Interviews – Stella", notierte Gisa. Sie verteilten die weiteren Aufgaben.
Zusätzlich sollten Flyer in den oberen Klassen verteilt werden. Darin wurde jeder aufgefordert,

über sein erstes Mal eine Geschichte zu schreiben und diese anonym in den Redaktionsbriefkasten zu werfen.
„Ich schreibe eine Geschichte zu Pleiten, Pech und Pannen“, lachte Gisa. „Ich habe nämlich noch mehr Storys auf Lager.“
Jeder meldete sich nun zu einem Artikel. So viel Begeisterung hatte es schon lange nicht mehr gegeben.
Als die Doppelstunde zu Ende war, hatten alle das Gefühl, es könnte die spannendste Zeitschrift der Schulzeit werden.

2.

„Tschüss!", rief Frau Breitner laut über den Flur. „Streitet euch nicht. Und macht euch das Essen in der Mikrowelle warm."
Marcel schaute aus seinem Zimmer.
„Geht klar", meinte er. „Arbeite nicht zu viel."
„Das musst du meinem Chef sagen." Frau Breitner seufzte, aber sie lächelte dabei.
Seit zwei Jahren hatte sie endlich eine feste Stelle als Küchenfrau in der Klinik bekommen. Vorher hatte sie immer nur aushilfsweise gearbeitet und sich sonst um den Haushalt und die drei Söhne gekümmert. Aber es tat ihr gut, wieder arbeiten zu gehen. Sogar an einem Samstag wie heute.
Marcels Vater war immer viel unterwegs, manchmal wochenlang, und da war der Mutter oft die Decke auf den Kopf gefallen. Jetzt hatte sie endlich Kollegen, mit denen sie sich austauschen und auch mal weggehen konnte.
Frau Breitner winkte noch einmal, dann fiel die Tür ins Schloss.
Auf Kommando öffneten sich die Zimmertüren von Florians und Hendriks Zimmer. Marcel hatte nach dem Umzug ein eigenes bekommen.

„Ist sie weg?“
„Ja.“
Florian und Hendrik sprangen ans Fenster und schauten hinaus.
„Da geht sie.“
„Und jetzt kommt auch schon der Bus.“
„Einsteigen – und weg ist sie.“
„Tschau Mama.“
Marcel sah von einem Bruder zum anderen. Dann lachte er.
„Was habt ihr vor?“, wollte er wissen.
Aber die winkten ab.
„Nichts für dich, Kleiner.“
„Geh du mal lieber lernen. Schule ist wichtiger.“
Sie grinsten und kamen sich offensichtlich sehr wichtig vor. Das ging Marcel total auf die Nerven. Er zuckte die Schultern und ging in sein Zimmer zurück.

Marcel fuhr den Computer hoch und startete „Age of Conan“. Hendrik hatte ihm den Account eingerichtet – manchmal waren ältere Brüder eben doch zu etwas nutze. Entspannt lehnte sich Marcel in seinem Schreibtischstuhl zurück.

Im Nebenzimmer hörte er seine Brüder rumoren. Jemand zog das Rollo herunter. Marcel horchte auf. Was hatte das denn zu bedeuten? Wollte sich Hendrik noch mal schlafen legen?

Jetzt hörte Marcel außerdem seltsame Geräusche. Wie ein Stöhnen hörte es sich an. Verwundert hielt er im Spiel inne, speicherte und ging nach nebenan.

Als er versuchte, Hendriks Zimmertür zu öffnen, wurde sie von innen zugehalten. Marcel drückte mit aller Kraft dagegen.

„He, was soll das? Was macht ihr?"

Es gelang ihm, die Tür einen Spalt weit aufzudrücken. Weit genug, um zu sehen, was los war. Hendrik saß auf dem Schreibtischstuhl, Florian auf dem Bett. Beide starrten auf den Monitor von Hendriks Rechner. Es waren ein Mann und eine Frau zu sehen, die Sex miteinander hatten.

Typisch große Brüder! Sie sahen einen Porno.

„Mann, verschwinde. Das hier ist nichts für kleine Jungs!", rief ihm Hendrik zu und versuchte, Marcel wieder aus dem Zimmer zu drängen. Aber Marcel hatte schnell seinen Fuß zwischen Tür und Rahmen gesetzt.

„Ich bin doch kein Baby mehr!“, rief er wütend und stieß die Tür mit einem Ruck auf. „Ich hab ja wohl schon mehr als einen Porno gesehen.“
Das stimmte. Im Internet gab es unendlich viele solche Filme zu gucken. Allerdings waren die immer mit einem schwarzen Balken versehen. Und wenn man den weghaben wollte, musste man ziemlich viel Geld bezahlen. Darauf hatte Marcel dann doch verzichtet.
Nur einmal hatte er von seinem Freund Patrick einen Tipp zu einem Porno ohne Sperre bekommen. Den hatte er sich 3- oder 4-mal angeguckt. Allerdings hatte er danach einen Virus auf seinem Rechner gehabt, der alles platt gemacht hatte. Hendrik hatte Wochen gebraucht, um die Festplatte wieder neu zu formatieren.
„Lass ihn ins Zimmer, Hendrik“, meinte Florian.
Hendrik stoppte den Film und ließ Marcel ins Zimmer. Der setzte sich neben seinen Bruder.
„Passt bloß auf, dass ihr keinen Virus kriegt“, warnte er.
Florian winkte ab.
„Das ist eine DVD. Darum gucken wir auch auf Hendriks Computer. Ich kann mit so rückständiger Technologie gar nichts mehr anfangen.“

Hendrik zögerte. „Brüderchen, ich warne dich aber", meinte er dann. „Ich kenne den Film schon. Der ist nichts für schwache Gemüter. Da geht es echt zur Sache."
Marcel verdrehte die Augen.
„Mach schon!", knurrte er. Diese Nackten auf dem Bildschirm machten ihn ganz kirre.
„Los!", rief auch Florian. Ihm dauerte das alles schon viel zu lange.
Hendrik ließ den Film weiterlaufen.

Zuerst waren die Szenen wirklich ziemlich heiß. Männer und Frauen fielen abwechselnd übereinander her. Mal diese, mal jene Stellung. Viel Busen, viele große Geschlechtsteile. Das war schon ganz schön erregend. Aufregender als der Porno, den Marcel gesehen hatte.
Prinz Heinrich, wie Marcel sein bestes Stück immer nannte, gefiel es auch gut. Ihm wurde es richtig eng in der Hose.
Irgendwann veränderte sich der Film. Es begann damit, dass sich eine Frau langsam aber sicher in eine Hexe verwandelte.
„Was für eine geile Verrückte!", grinste Florian.

Noch lachte er. Aber kurze Zeit später saß er nur noch still da und starrte mit großen Augen auf den Monitor.
„Igitt!“, flüsterte er.
„Widerlich“, stieß Marcel hervor.
Die Hexe hantierte jetzt mit Messern und Nadeln herum. Männer schrien und keuchten, die Frau lachte gellend.
Marcel hielt sich die Hände vor die Augen. Aber er musste unbedingt wissen, wie es weiterging. Darum öffnete er die Finger einen Spalt breit und starrte hindurch.
Entsetzt. Geschockt. Angeekelt.
Gab es Menschen, die so etwas in Wirklichkeit machten? Und wenn ja, warum taten sie das?
Er schaute zu Florian hinüber. Der hatte seinen Kopf unter die Bettdecke gesteckt, schaute von dort aus aber immer wieder zum Monitor hinüber.
Nur Hendrik blieb ganz cool. Er saß dort auf dem Schreibtischstuhl und kaute auf einem Kaugummi herum.
„Habt euch doch nicht so!“, meinte er. „Das ist doch noch gar nichts. Was meint ihr, was die nachher noch alles mit der Rasierklinge macht.“

Das war zu viel für Marcels Nerven. Er sprang auf und rannte aus dem Zimmer ins Badezimmer hinüber. Gerade hatte er die Tür abgeschlossen, da hämmerte auch schon jemand mit beiden Fäusten dagegen.

„Mach auf, Marcel! Mach auf!“

Florians Stimme klang panisch. Marcel öffnete die Tür wieder. Da rannte Florian an ihm vorbei und riss den Deckel der Toilette hoch.

Er steckte seinen Kopf in die Kloschlüssel und musste sich übergeben.

Marcel ging es nicht besser, aber übergeben musste er sich Gott sei Dank nicht. Er hielt seinen Kopf unter den kalten Wasserhahn und ließ das Wasser über den Nacken laufen. Dann formte er seine Hände zu einer Schale, füllte sie mit Wasser und kühlte sein heißes Gesicht. Danach ging es ihm besser.

Florian betätigte die Klospülung. Dann trat er neben Marcel an das Waschbecken, spülte seinen Mund aus und putzte sich anschließend die Zähne. Die beiden betrachteten einander im Spiegel. Sie waren beide ziemlich weiß im Gesicht.

Die Tür öffnete sich, und Hendrik schaute ins Badezimmer.
„Alles okay mit euch?“, fragte er unsicher. Man sah ihm sein schlechtes Gewissen an.
„Ich habe euch ja gesagt, dass der Film nur für harte Männer ist. Also, was ist? Wollt ihr weitergucken?“
„Mir reicht es erst mal“, winkte Florian ab.
„Ich muss noch für die Schule lernen“, meinte Marcel.
Hendrik nickte erleichtert. „Alles klar, ihr Pussys. Wir sehen uns.“
Danach ging er wieder in sein Zimmer zurück.
Marcel hörte, wie der Film weiterlief. Die Männer schrien und stöhnten wieder, die Hexe kreischte gellend. Das ekelte ihn nur noch an.
Er ging in sein Zimmer, zog die Tür hinter sich zu und warf sich auf sein Bett. Stöpsel ins Ohr, Musik an.
Nur so ließ es sich aushalten.
Aber die Gedanken kreisten weiter um diesen Film. Ob es wirklich Menschen gab, die so etwas machten? Die so etwas schön fanden?
Das machte ihm ganz schön Angst.
Wie es wohl wirklich beim ersten Mal war?
Das hätte er gerne gewusst.

Es war einfach doof, dass Jungs immer den Anfang machen mussten. Er hatte doch auch keine Ahnung, wie das ging. Na gut, er kannte die Theorie, aber die Praxis war viel komplizierter. Was, wenn Prinz Heinrich einknickte? Oder wenn er gar nicht wusste, wo er reinmusste?

In seiner Clique an der GGS hatten seine Kumpel erzählt, für die Mädchen wäre es beim ersten Mal gar nicht so schön. Weil die Jungen eben immer so schrecklich aufgeregt waren und sofort nach dem ersten Hin und Her kamen.

Marcel seufzte. Er wünschte sich so sehr, dass das erste Mal für ihn und für seine Partnerin schön würde. Aber dazu musste er diesen furchtbaren Film erst mal vergessen. Und danach musste er endlich eine richtig tolle Freundin finden. Vielleicht hatte er an der neuen Schule eine gute Chance. Seine Klassenkameradinnen hatten ihn jedenfalls offensichtlich nett gefunden.

Der Lärm von nebenan hatte endlich aufgehört. Marcel seufzte noch einmal tief. Dann zog er die Kopfhörer aus seinen Ohren und setzte sich wieder an sein Spiel.

3.

Stella wählte Chiara für ihr erstes Interview. Chiara war schon in der 9. Klasse und ging seit einem halben Jahr mit Hannes. Stella setzte sich zu ihr und schlug ihren Collegeblock auf.
„Kann ich mal ein Interview für unsere Schülerzeitung mit dir machen?“, wollte sie wissen. „Es geht um das Thema Sex. Du kannst alles ganz offen erzählen. Dein Name bleibt geheim.“
Chiara lachte. Sie war immer so offen und herzlich. Das mochte Stella ganz besonders an ihr. Und deshalb glaubte sie auch, sie offen befragen zu können.
„Kannst du dich noch an dein erstes Mal erinnern?“, platzte Stella heraus.
„Klar. Das vergisst man doch nicht“, entgegnete Chiara.
„War es mit Hannes?“, bohrte Stella weiter.
Chiara schüttelte den Kopf. „Nein. Es war in den Sommerferien in Italien. Ich hatte einen Jungen am Strand kennengelernt. Er hieß Matteo. Wir waren die ganzen Ferien über zusammen, und am letzten Tag haben wir es dann am Strand gemacht.“

„In den Dünen?“, flüsterte Stella beeindruckt. Das hörte sich ja total romantisch an.
„Dünen gab es da nicht“, lächelte Chiara.
Ihr Blick richtete sich in die Ferne auf einen Punkt weit weg von ihnen. „Es gab große Felsen mit Sand dazwischen. Dort haben wir uns versteckt.“ Immer noch war ihr Blick in weite Ferne gerichtet. „Matteo hatte eine Decke dabei, außerdem Rotwein und natürlich auch Kondome. Er hatte an alles gedacht.“
„Das klingt ja schwer romantisch“, seufzte Stella.
Chiara nickte. „Romantisch war es auf alle Fälle. Ich war leider so schrecklich aufgeregt, darum konnte ich es gar nicht genießen.
Es ging einfach alles ziemlich schnell.“
„Schade.“
„Aber es war schön, danach einfach lange nebeneinanderzuliegen, zu quatschen und sich zu küssen. Wir haben geschworen, uns immer zu lieben.“
Chiara sah jetzt ganz traurig aus.
„Aber das hat sich dann doch geändert?“, wollte Stella wissen und dachte an Hannes.
Chiara kam allmählich aus der Vergangenheit zurück.

„Natürlich“, meinte sie. „Auf die Entfernung kann man keine Beziehung halten. Matteo meldete sich irgendwann nicht mehr, und dann habe ich auf Facebook gesehen, dass er eine andere hatte. Das war ein ganz schöner Schock.“
„Jetzt hast du ja auch eine tolle Beziehung“, meinte Stella. Sie mochte Hannes sehr.
Chiara nickte und lächelte. „Aber die erste Liebe ist die schönste“, behauptete sie.
Die Schulglocke klingelte.
„Ich muss gehen. Ich wünsche euch viel Glück bei der Schülerzeitung.“

Erst nach der 6. Stunde in der Mittagspause hatte Stella die Möglichkeit, ihre Interviews weiterzuführen.
Sie suchte sich dazu Mitschüler aus, von denen sie wusste, dass sie mit ihnen über alles sprechen konnte. Sie wollte schließlich niemandem mit ihren Fragen verletzen.
Dass das leicht möglich war, hatte sie an den Rückmeldungen im Redaktionsbriefkasten gesehen: Fast alle waren anonym abgegeben worden.

Philipp hatte noch nie mit einem Mädchen geschlafen. Stella war ganz gerührt, dass er das so offen zugab.
Bülent versuchte erst, sich rauszureden. Dann aber gab er zu, dass er es auch noch nie gemacht hatte. Genau wie Jenny. Für beide spielte die Liebe beim Sex eine große Rolle. Und die hatten sie noch nicht gefunden.
Elisa hatte lange geschwiegen. Dann hatte sie gefragt, ob das auch wirklich alles unter vier Augen bleiben würde, was sie erzählt. Stella versprach es. Schließlich hatte sie eine frustrierende Geschichte erzählt. Wie sie im Jugendzentrum mit einem Typen getanzt hatte. Irgendwann hatte er sie abgeknutscht. „Abgesabbert" nannte Elisa das. Dann wollte er mit ihr alleine sein und hatte sie in eine Abstellkammer gezerrt. Er hatte an ihr rumgefummelt, sie ausgezogen und es schließlich auf einem Stuhl mit ihr gemacht.
„Einfach so? Ohne Kondom?" Stella schrie fast vor Empörung.
„Pssst!", flüsterte Elisa. „Brüll doch nicht so. Es muss doch nicht gleich jeder hören."
„Entschuldige". erwiderte Stella kleinlaut. „Ich war nur so entsetzt."

„Er hatte ein Kondom dabei“, fuhr Elisa fort. „Er hatte alles gut geplant. Offenbar vernaschte er jeden Tag irgendwelche naiven Mädchen wie mich.“ Sie sah auf den Boden. „So schlimm war es aber auch nicht“, sagte sie dann. „Und ich wollte es ja auch. Ich wollte wissen, wie es geht.“
„Das kann ich verstehen“, gab Stella zu.
„Ich wollte nicht als Jungfrau sterben“, beendete Elisa das Interview.
„Alles klar, danke für deine Offenheit.“ Stella notierte sich diese Worte. ‚Hoffentlich sterbe ich nicht als Jungfrau‘, dachte sie dabei.

Gerade wollte Stella zum Essensplan hinübergehen, da sah sie diesen neuen Typen aus der 9 allein auf einer Bank sitzen. Der hatte doch diesen lockeren Spruch über Sex auf dem Schulklo gemacht! Bestimmt war er nicht schüchtern und hatte eine Menge über das erste Mal zu erzählen.
„Hallo, du!“, rief Stella und winkte ihm zu.
Der Typ drehte sich verwundert um.
„Meinst du mich?“
„Ja!“ Stella setzte sich zu ihm.

„Ich heiße Stella und schreibe bei der Schülerzeitung mit."
„Schülerzeitung!" Der Typ grinste. „Und da willst du jetzt meine Meinung zu einem Thema hören, oder was?"
„Ja", nickte Stella. „Ich will dich interviewen. Geht das? Wie heißt du überhaupt?"
„Ich bin Marcel", sagte Marcel nun und grinste immer noch. „Mich interviewen? Okay, dann schieß mal los."
„Ich will von dir wissen, wie dein erstes Mal war", begann Stella.
Marcel starrte sie nun mit offenem Mund an.
„Mein erstes Mal?", sagte er gedehnt. „Was soll das denn? Das geht dich ja wohl überhaupt nichts an."
Er sah jetzt furchtbar wütend aus.
„Dann hast du also noch nicht", erwiderte Stella ungerührt. Sie hatte plötzlich richtig Spaß daran, ihn zu provozieren. Also tat sie so, als wenn sie hinter Marcels Namen einen Vermerk machen würde. Sie wusste, dass sie ihn so aus der Reserve locken konnte. Jungen waren ja immer sofort beleidigt, wenn man behauptete, sie hätten noch keine Erfahrung.

Der Trick klappte. Marcel beugte sich nun zu ihr herüber. Schmal wie Schlitze waren nun seine Augen. Er war sauer.
„Wenn's dich so brennend interessiert: Ich hatte schon so oft Sex, dass ich es gar nicht mehr zählen kann. Und nicht nur auf dem Schulklo. Auch im Schlafzimmer meiner Eltern, im Zelt, im Park auf einer Bank …“, fauchte er.
„Okay, okay“, winkte Stella ab.
Das klang doch alles lächerlich übertrieben. Aber Stella konnte nicht verhindern, dass sie trotzdem ein wenig beeindruckt war. Bestimmt steckte ein wahrer Kern in der Geschichte.
„Aber das erste Mal? Wie war das? Wo? Und mit wem?“, bohrte Stella weiter. „Keine Angst, wir veröffentlichen deinen Namen nicht“, fügte sie schnell hinzu, als Marcel zögerte.
„Ob du's glaubst oder nicht“, meinte er schließlich spöttisch. „Ich erinnere mich nicht mehr. Ist ja auch schon ewig her.“
Dann stand er auf und ging.
Stella sah im nach. Der souveräne Abgang hatte ihr irgendwie imponiert.
„Toller Typ eigentlich“, dachte sie. „Mit dem ist es bestimmt cool!“

4.

„Ah, du bist Marcel? Ich habe schon von dir gehört."

Herr Gardner, der Sportlehrer, klopfte Marcel auf die Schulter. „Du sollst ein guter Handballer sein. Willkommen in unserer Mannschaft."

„Kein Ding!", winkte Marcel ab.

Er hatte an seiner alten Schule in der Schulmannschaft mitgespielt. Und zwar ziemlich gut. Das wusste auch Herr Gardner.

„Zieh dich um, und komm zu uns in die Halle", schlug Herr Gardner vor.

Marcel nickte.

Als er die Halle betrat, war ihm ein bisschen mulmig zu Mute. Die anderen trainierten gerade den Freiwurf. Herr Gardner pfiff ab, und nun bildeten alle einen Kreis um ihn.

„Jungs und Mädels, das ist Marcel", stellte Herr Gardner ihn vor. „Er ist neu an unserer Schule und unterstützt uns in der Mannschaft. Ich sage euch gleich, das ist ein toller Spieler! Mit dem fahren wir garantiert ein paar zusätzliche Siege ein."

Die anderen klatschten. Marcel sah sich in ihrem Kreis um. Ein paar Schüler aus seiner

Klasse waren auch in der Mannschaft. Unter ihnen war auch diese Alice, die er mit dem Sex auf dem Schulklo verarscht hatte. Hoffentlich war sie nicht nachtragend! Die beiden Jungen dort kannte er auch. Jason und Markus hießen sie. Oh, und das Mädchen da vorne, das war doch diese Stella, die ihn für die Schülerzeitung interviewen wollte. Sie hatte sich ihre Haare zu einem Zopf nach hinten gebunden. Mit dem weiten T-Shirt und der kurzen Hose sah sie jetzt total wie ein Junge aus.

„Wir fangen gleich mit einem Spiel an", schlug Herr Gardner vor. „Willst du wählen, Marcel? Und du vielleicht auch, Jason?"

Marcel und Jason spielten „Tipp-Topp", und Marcel gewann.

„Stella", flüsterte ihm jemand zu. Aber die wollte Marcel auf keinem Fall in seiner Mannschaft haben. Wer weiß, was für Sprüche sie wieder raushaute. Und in seinem ersten Spiel wollte er nicht wie ein Idiot dastehen!

„Alice", sagte er darum.

„Stella", brüllte Jason sofort, und dann jubelte er.

Wenn man Stella gewählt hatte, hatte man offensichtlich sofort gewonnen. Marcel ärgerte

sich, denn nun sahen die Mitspieler immer richtig enttäuscht aus, wenn er sie in seine Mannschaft wählte. So als wenn sie schon verloren hätten.
‚Denen werde ich es zeigen', dachte Marcel.
‚Mit mir werden sie gewinnen!'

Das Spiel begann. Marcel stellte sich auf die Mittellinie. Herr Gardner pfiff an.
Handball wurde an dieser Schule viel härter gespielt als an seiner alten, das spürte Marcel sofort.
Stella rannte wie der Teufel. Sie schien überall zu sein. Deckte, prellte, schoss den Ball sogar von der Mittellinie ins Tor. Schon nach kurzer Zeit stand es 4:0.
Marcel fing den Ball, lief sich frei, zielte. Tor, endlich! Wieder kriegte er den Ball. Rannte damit zum Tor. Da war Stella auch schon neben ihm, baute sich vor ihm auf und störte den Abwurf. Jetzt hatte sie den Ball. Marcel schaffte es, ihn ihr wieder abzuluchsen.
Doch Stella blieb ihm auf den Fersen. Und wupps, hatte sie den Ball wieder. Das war unglaublich! Jetzt baute sie sich erneut vor

dem Torraum auf. Sie konnte wahnsinnig hoch springen und harte Bälle aus der Luft schießen. Das musste Marcel unbedingt verhindern.
Als er sah, dass sie sprang, schoss er ebenfalls hoch. Er sprang sie so an, dass sie das Gleichgewicht verlor und auf den Boden knallte. Marcel fiel über sie.
„Oh“, brüllte Jason und klatschte in die Hände. „Sex in der Halle, oder was?“
Stella lag jetzt unter ihm, den Ball fest in der Hand. Sie schien furchtbar sauer zu sein. Ihr Gesicht war wutverzerrt. Marcel kriegte richtig Angst. Schnell rappelte er sich auf und brachte sich vor ihr in Sicherheit.
Erst jetzt sah er, wie ihr T-Shirt hochgerutscht war. Ihr schwarzer BH war zu sehen. Irgendwie wunderte Marcel sich, dass sie einen BH trug.
Herr Gardner pfiff. Dann griff er in seine Tasche und zog die Gelbe Karte heraus. „Gelb!“, schrie er. „Das war total unfair. Anspringen ist ein absoluter Regelbruch. Und dann noch bei einem Mädchen!“
„Mädchen?“, fauchte Marcel verärgert. „Darauf wäre ich jetzt nicht gekommen.“

Stella sah ihn nicht an. Man konnte aber spüren, dass sie kochte.
„Freistoß für Stella", ordnete Herr Gardner an. Es war klar, dass Stella den wieder in ein Tor verwandelte. Marcel hüpfte vor der Torlinie auf und ab, um dem Torwart zu helfen. Stella nahm den Ball in die Rechte, sprang hoch, holte aus und – Peng!
Marcel schrie. Hielt seine Hände vor seinen Prinz Heinrich. Verdammt! Dieses Biest. Sie hatte den Ball genau auf seine Männlichkeit geworfen! Marcel ließ sich auf den Boden fallen und rollte sich voller Schmerz hin und her. Sein Geschlecht brannte wie Feuer. Er spürte, wie sich die Hitze im ganzen Körper ausbreitete.
„Hat der ne Bombe!", kicherte einer.
Da lachten sie auch noch, während er vor Schmerzen die Wand hochging.
Herr Gardner pfiff.
„Rot!", schrie er. „Das gibt Rot, Stella. Das war volle Absicht."
„Ist gar nicht wahr!", hörte er Stella noch schreien. „Ich hab aufs Tor gezielt. Wenn der mit seinem Pimmel in meinen Ball springt, kann ich doch nichts dafür."

„Raus!“, brüllte Herr Gardner jetzt.
Aus den Augenwinkeln sah Marcel, wie Stella mit hängenden Schultern vor dem Sportlehrer stand. Dann verließ sie den Platz.

Marcel rappelte sich langsam hoch.
„Brauchst du eine Auszeit?“, wollte Herr Gardner wissen.
Marcel nickte. Herr Gardner wechselte ihn aus. Langsam und breitbeinig stolzierte Marcel vom Platz.
Er humpelte in die Umkleide. Vorsichtig zog er seine Hose herunter und betrachtete seinen armen Prinz Heinrich. Er fühlte sich platt wie ein Pfannkuchen an. Aber er sah aus wie immer.
Marcel setzte sich auf die Bank. Vorsichtig und breitbeinig, damit es nicht so weh tat. Immer noch war er wahnsinnig wütend. Dieses schreckliche Mannsweib war ein Teufel, das war klar! Gegen sie kam Marcel einfach nicht an. Man konnte ihr nur aus dem Weg gehen. Andererseits musste Marcel zugeben, dass er noch nie ein Mädchen kennengelernt hatte, das so wahnsinnig gut Handball spielen konnte.

Eine, die in den Kampf einstieg. Eine, die werfen und treffen und dazu noch hoch springen konnte. Das war sicherlich beeindruckend. Aber musste sie ihn deswegen so fertigmachen? Ihn ausgerechnet an seiner schwächsten Stelle verletzen?
Er rief sich die Situation noch einmal in seine Erinnerung. Vielleicht hatte er sie ja auch an ihrer schwächsten Stelle verletzt. Sie war total ausgeklinkt, als er gesagt hatte, sie wäre wohl kein Mädchen.
Es tat es ihm plötzlich leid, dass er diesen blöden Spruch gebracht hatte.

Nach einer Weile ging es Marcel besser, und er kehrte in die Halle zurück. Zunächst setzte er sich dort auf die Bank. Da sah er Stella an der Wand stehen. Nun kam sie auf ihn zu und setzte sich neben ihn.
„Tut mir leid“, sagte sie.
Marcel antwortete nicht. Einerseits hätte er ihr am liebsten ins Gesicht gespuckt. Andererseits hatte er selbst ein schlechtes Gewissen.
„Kannst du wieder, Marcel?“, rief Herr Gardner ihm zu.

Eigentlich tat ihm noch alles weh. Aber er wollte es jetzt dieser Bestie zeigen.
Marcel nickte deshalb. Dann kehrte er ins Spiel zurück. Ohne Stella war die Gegenmannschaft ein Sonntagsspaziergang mit Oma und Opa. Marcel schoss locker fünf Tore. Auch die anderen waren gut.
Seine Mannschaft gewann 26:18.
Das war wenigstens eine Genugtuung.

5.

Stella kaute an ihrem Mittagessen herum. Die Pommes schmeckten wie Stroh. Den Salat konnte man heute auch vergessen. Sie war nicht mehr mies gelaunt, sie war total traurig.

„Mann, Stella, mach doch nicht so ein Gesicht“, versuchte Eva, sie aufzumuntern. „Ihr habt doch nur dieses eine Spiel verloren. Das ist doch Pillepalle. Beim nächsten Mal machst du sie alle platt.“

Stella seufzte tief.

„Hat doch gar nichts mit dem Spiel zu tun“, murmelte sie. „Mir geht’s total mies. Ich weiß auch nicht, was los ist.”

Eva betrachtete sie mitleidig. Stella war eigentlich immer gut drauf. So hatte sie ihre Freundin noch nie erlebt.

„Da muss doch noch was anderes sein“, überlegte sie. „Hast du dich vielleicht verliebt? Dann geht es einem oft so bergauf bergab.“

Stella schüttelte den Kopf. Dann dachte sie nach.

„Dieses Interview für die Schülerzeitung macht mich fertig“, flüsterte sie dann. „Ich habe echt

viele Leute befragt. Fast alle haben schon mal. Sogar Carolin."
„Carolin?"
„Ja. Und Janne und Christin. Sogar Max. Und dann natürlich du und Leon. Ihr hattet ja sogar so richtig romantischen Sex." Stella schob nun ihren Teller zur Seite. Sie mochte nichts mehr essen. Dazu war sie viel zu traurig.
„Ich glaube, ich bin die Einzige der ganzen 9. Jahrgangsstufe, die noch nie Sex hatte", murmelte sie unglücklich.
„Aber du bist doch dabei nicht nur auf einen Jungen angewiesen", kicherte Eva. „Du kannst es doch einfach selbst machen."
Doch Stella wischte ihren Einwand mit einer Handbewegung weg. „Das ist nicht dasselbe. Jungfrau bleibe ich dabei trotzdem. Ich springe wahrscheinlich noch als Jungfrau in den Sarg. Deckel zu. Das war's. Und dann der Grabstein: Hier ruht die Jungfrau Stella Johannsen."
Eva grinste.
„Unter diesen Umständen solltest du vielleicht ins Kloster gehen", meinte sie. „Die Nonnen sind immer auf der Suche nach neuen Jungfrauen. Und mit der Handballmannschaft im Kloster würde es auch bergauf gehen."

Nun grinste Stella endlich ein bisschen. „Mensch Stella", meinte Eva nun und fasste ihre Freundin an den Arm. „Seine Jungfräulichkeit loszuwerden, ist ja nun die einfachste Sache der Welt. Du suchst dir einfach einen Typen, lockst ihn in ein einsames Zimmer und fragst ihn, ob er schnell einen Quickie mit dir macht." Sie lachte sich kaputt bei ihrem Vorschlag. „Ein Quickie im Kartenraum vielleicht. Oder im Zimmer der Schülerzeitung. Da haben wir ja sogar ein Sofa."

Eva prustete so laut los, dass sie die Krümel ihres Burgers rund um den Tisch verteilte. Aber Stella störte sich nicht daran. Sie war jetzt hellwach. Ihr Körper spannte sich. Der Gedanke begeisterte sie.

„Meinst du, der Junge macht das mit?"

„Stella!" Eva lachte immer noch. „Das war nur ein Scherz!"

„Obwohl die Idee gar nicht so schlecht ist", überlegte Stella weiter. „Eigentlich sagt man ja immer, ein Junge träumt eigentlich von solchen Sachen. Dass ein Mädel kommt, ihn fragt, ob er eine schnelle Nummer schieben will, und ihn dann wieder in Ruhe lässt."

„Du darfst natürlich nicht so einen Angsthasen suchen. Es muss jemand sein, der Erfahrung hat. Der schon mit einigen Mädchen geschlafen hat und Lust hat, es einfach mal so zu machen“, führte Eva die Überlegung mit gespieltem Ernst weiter.
„Da gibt es bestimmt einige“, überlegte Stella.
„Kann ich mir auch vorstellen.“ Eva tat schon fast überzeugt. „Also, such dir einen coolen Typen, und dann bringst du’s hinter dich.“
„Aber wenn er nicht will?“, warf sie ein.
Eva winkte grinsend ab. „Naja, wenn er wirklich nicht will, kannst du natürlich nichts machen. Aber warum sollte er das ablehnen? Ist doch eigentlich ein gutes Angebot, oder? Das lässt sich doch keiner entgehen. Andere zahlen ja sogar viel Geld dafür.“
Stella starrte ihre Freundin bewundernd an. „Stimmt“, meinte sie dann. „Der wäre dann ja wirklich blöde. So ein Angebot kriegt man nicht alle Tage.“
„Stella, komm mal wieder runter! Das meinst du doch nicht etwa ernst?“ Eva war beunruhigt. „So will doch keiner sein erstes Mal!“
Aber Stella erschien die Idee gar nicht so lächerlich.

Nachdenklich stand sie auf und brachte ihr Tablett zum Essenswagen. Sie schippte die Reste in den Korb und schob das Tablett mit dem Teller in das Rückgabefach.

Als sie zu Eva zurückkehrte, sah sie Marcel an der Essensausgabe stehen. Marcel! Das war die Idee.

„Du“, flüsterte sie Eva nun leise zu. „Ich habe schon einen gefunden, der in Frage kommen würde.“

„Echt?“ Nun tat auch Eva wieder ganz aufgeregt. Sie hielt das sicher für einen weiteren Scherz. „Wen denn?“

„Der da“, meinte Stella und machte eine Kopfbewegung zu Marcel hinüber. „Aber heute sollte ich ihn besser nicht vernaschen. Der hat nämlich einen Ball auf die Eier gekriegt.“

Eva prustete und hielt sich die Hand vor den Mund. Da musste auch Stella schallend lachen.

Marcel war total ahnungslos. Ein Mädchen kam auf ihn zu. Später fand er heraus, dass sie Gisa hieß, bei der Schülerzeitung mitmachte, aber von dieser Aktion nichts gewusst hatte.

„Du bist Marcel Breitner, oder?“, fragte sie und lächelte.
Marcel nickte.
„Kannst du mal kurz ins Büro der Schülerzeitung gehen?“, bat sie ihn. „Da will jemand was von dir.“
Eigentlich hätte Marcel sich über diesen Satz wundern müssen. Da will einer was von dir? Das klang ja ziemlich zweideutig.
Aber Marcel war total unbekümmert. Er sagte sogar noch: „Wenn’s ein Mädchen ist, kann die alles von mir haben.“
Nachher hätte er sich für diese Naivität die Kugel geben können.
Aber noch ahnte er nichts und ging darum mit großen Schritten die Treppe hinauf. Das Büro der Schülerzeitung lag ein bisschen abseits am Ende des Flures.
Marcel klopfte nicht, sondern riss die Tür auf und schaute in den Raum.
„Da bin ich!“, sagte er. „Was gibt’s?“
Auf dem Schreibtischstuhl hinter dem PC saß diese Stella. Ausgerechnet dieses Mannsweib! Sie sah so aus wie immer. Sie trug ein weites, schwarzes Männer-T-Shirt, eine weite Militärhose, die ihr fast auf den Knien hing und

breite, braune Boots. Wahre Schönheit sah anders aus.
Fast gelang es ihm, sein schlechtes Gewissen ihr gegenüber zu verdrängen.
„Willst du was von mir?“, fragte Marcel nach längerem Schweigen irritiert.
Stella nickte. Sie sah ein bisschen verlegen aus. Irgendwie ängstlich.
Jetzt stand sie auf.
„Setz dich mal“, sagte sie und zeigte auf das Sofa. „Ich muss mit dir reden.“
Marcel kam das alles komisch vor. Warum machte sie so eine Welle? Hatte das noch was mit dem Handballspiel zu tun? Oder kam wieder dieses alberne Sex-Thema?
Trotzdem setzte er sich. Irgendwie interessierte ihn Stella ja auch.
Stella ging nun mit großen Schritten zur Tür. Überprüfte kurz, ob sie auch richtig zu war. Dann schloss sie ab.
Marcel drehte sich verwundert zu ihr herum. Hatte sie einen an der Waffel?
Marcel erhob sich vom Sofa. „Was ist los? Was willst du?“
Stella drückte ihn auf das Sofa zurück. Setzte sich dann neben ihn. Verdammt dicht.

So dicht, dass ihre Beine seine berührten. „Hör zu!“, sagte sie, und ihre Stimme klang ein wenig atemlos. „Ich finde dich süß. Und ich würde gerne mit dir schlafen. Verstehst du?“
„Kein Wort“, stieß Marcel hervor. So überrumpelt hatte er sich noch nie gefühlt.
„Wieso nicht?“, fragte Stella nun.
Wieso nicht? Was war das denn für eine Frage?
„Naja, ich bin schließlich nicht dein Freund …“
Marcel versuchte, aufzustehen. Aber Stella hielt ihn fest. Sie schien sich einen Ruck zu geben.
„Hör zu, ich habe es noch nie gemacht. Aber das nervt mich. Könntest du nicht mit mir schlafen?“, fragte sie. „Einfach so. Du zeigst mir, wie es geht, und dann …“
Das war irgendwie ein schlechter Film, oder? Wahrscheinlich hatten seine Brüder eine Kamera installiert und guckten sich morgen Nachmittag diesen Film als Realporno an. „Tut mir Leid, dass du noch Jungfrau bist, aber das kann ich auch nicht ändern.“
„Du musst keine Angst haben“, versuchte Stella, ihm Mut zu machen. „Niemand erfährt davon. Außerdem habe ich vorgesorgt. Hier sind die Kondome.“

Sie riss ein Plastiktütchen auf und legte ein Präservativ neben Marcel. „Naturfarbe. Streichelzart."

Marcel starrte auf die Gummis. Dann auf Stella. Er war wie erstarrt. Hatte totale Panik. Was stellte sie sich denn vor, was hier passieren sollte? Glaubte sie allen Ernstes, er würde hier mit ihr Sex haben? Er wollte nicht. Nie und nimmer. Nicht hier, nicht jetzt und schon gar nicht mit Stella.

Das Schlimme aber war, dass sein Prinz Heinrich diese Idee durchaus interessant fand und sich daher schon mal aufgerichtet hatte. Das war schrecklich. Prinz Heinrich und er waren eigentlich immer einer Meinung gewesen. Jetzt aber wollte Marcel so schnell wie möglich von hier weg, Prinz Heinrich dagegen konnte es kaum erwarten, loszulegen.

Stella schien das zu spüren.

Sie schmiegte sich noch enger an ihn.

Legte nun sogar eine Hand auf seinen Oberschenkel.

Das machte Marcel fast kirre. Nun beugte sie sich auch noch so weit vor, dass er in ihren Ausschnitt gucken konnte. Sie trug keinen BH. Und sie hatte kleine, feste Brüste.

Wahrscheinlich sah er unglaublich ängstlich aus. Wie Schweinsteiger, wenn er einen Elfmeter verschossen hatte. Denn genauso fühlte er sich. Ängstlich, hilflos und völlig ausgeliefert.

„Hör zu!“, versuchte ihn Stella, weiter zu überreden. „Wenn es dir hier zu ungemütlich ist, können wir es auch bei uns zu Hause machen. Meine Eltern sind oft nicht da. Was meinst du?“

Ihre Hand strich nun verführerisch auf seinem Oberschenkel hin und her.

Prinz Heinrich fand das außerordentlich spannend. Er wartete geradezu auf den Moment, an dem Stellas Hände ihn erreichten. Jetzt kamen ihre Hände tatsächlich näher.

Sie beugte sich noch näher und flüsterte in sein Ohr: „Ich sag’s auch keinem.“

Es war dieser verführerische Ton, der Marcel total Angst machte. Da konnte Prinz Heinrich noch so drängeln. Marcel wollte nicht. Niemals!

„Lass mich!“, schrie er nun. Dann stieß er ihre Hand weg und sprang er auf.

Stella sah nun sehr erschrocken aus. Erschrocken und verletzt. Aber verdammt noch mal, daran war sie doch selbst schuld. Wieso tat sie so etwas?
„Ich will so was nicht!“, schrie Marcel jetzt. Seine Stimme überschlug sich. „Was glaubst du denn, wer du bist? Ich mache doch nicht mit irgendeinem Mädchen rum, nur damit sie es hinter sich hat. Auf so eine Idee können doch nur Verrückte kommen.“
Die Hexe fiel ihm wieder ein. Die Hexe in diesem Porno. Wahrscheinlich zog Stella gleich auch so eine Schachtel mit Rasierklingen aus der Tasche.
Aber das tat sie nicht. Im Gegenteil. Sie sah aus, als wollte sie gleich anfangen, zu weinen. Als Marcel sie mit diesem unglücklichen Gesicht auf dem Sofa sitzen sah, tat sie ihm fast leid. Aber sie hatte das alles provoziert. Warum konnte sie ihn nicht in Ruhe lassen?
Marcel stand so schnell auf, wie er konnte. Fast rannte er zur Tür. Er schloss sie auf und stürmte dann auf den Flur.
Entkommen! Gott sei Dank! Nun musste sich nur Prinz Heinrich wieder beruhigen.

6.

„Stella? Bist du das?“
Frau Johannsens Stimme drang vom Wohnzimmer in die Küche und übertönte den Fernseher.
„Jaaaa!“
Stella war total genervt.
„Was machst du denn noch in der Küche? Es ist halb elf. Du musst morgen früh raus.“
Stella antwortete nicht. Konnte sie sich nicht mal was zu trinken aus dem Kühlschrank holen, ohne dass ihre Mutter einen blöden Spruch dazu machte? Sie konnte nicht schlafen, verdammt noch mal. Sie versuchte es doch nun schon seit einer Stunde.
Nun tauchte ihre Mutter auch noch in der Küche auf.
„Ist was?“, fragte sie und hatte wieder diesen besorgten Obermuttiblick, den Stella so hasste. Nein, eigentlich hasste sie ihn nicht wirklich. Nur heute ging er ihr echt auf den Keks.
Wenn ihre Mutter so guckte, kam meist die nächste Frage … Da war sie auch schon.
„Geht es dir nicht so gut?“

„Doch. Alles klar." Stella konzentrierte sich auf die Flasche Limo.
„Aber du hast doch was?"
„Neihein! Alles okahay!"
Stella hatte Mühe, nicht zu platzen.
Dann tauchte auch noch ihr Vater in der Küche auf. Mit den üblichen Jogginghosen, dem Militär-T-Shirt und der Dose Red Bull.
„Ist was?", fragte er ebenfalls.
Beide standen an der Küchentür mit ihren besorgten Gesichtern, sodass Stella nicht wusste, ob sie lachen oder weinen sollte.
Es gab ja Eltern, die sich wenig um ihren Nachwuchs kümmerten. Diese Kinder hatten es bestimmt nicht leicht im Leben. Aber Stella hatte genau das Gegenteil an Eltern. Sie machten sich ständig viel zu viele Sorgen.
„Oh Mann!", rief Stella genervt. „Es ist nichts. Echt, überhaupt nichts. Mir geht es gut. Total gut. Ich habe nette Eltern, ich habe viele Freunde, ich bin gar nicht so schlecht in der Schule … Also, was soll sein? Ich habe einfach Durst und sonst nichts. Mir geht es gut, supergut, kapiert ihr?"
Sie trank einen Schluck aus der Flasche.
Dann verschluckte sie sich. Sie hustete,

und die Limo lief über ihr Kinn auf das weite, schwarze T-Shirt, das sie immer zum Schlafen trug.
Immer noch betrachteten die Eltern sie aufmerksam. Da kamen ihr plötzlich die Tränen. Stella weinte eigentlich nie. Sie konnte sich gar nicht erinnern, wann sie das letzte Mal geheult hatte. Dass sie ausgerechnet jetzt anfangen musste, zu weinen, schien ihre Eltern richtig zu überrumpeln. Sie wussten offenbar überhaupt nicht, was sie sagen sollten.
„Oh mein Gott", flüsterte die Mutter entsetzt, und der Vater sagte: „Wer hat dir was angetan, Stella? Sag es! Den mach ich fertig!"
Stella musste unter Tränen lachen. Dann wischte sie sie mit dem Zipfel ihres T-Shirts fort.
„Niemand hat mir was getan", sagte sie dann. „Es ist nur so, dass mich kein Junge mag, versteht ihr?"
„Wie kommst du darauf?", rief der Vater. „Michael und Noah fanden dich total klasse. Ohne dich in ihrer Mannschaft …"
„Jaaaaa! Beim Sport!", unterbrach Stella aufgebracht. „Da wollen mich alle in ihrer Mannschaft haben. Aber verlieben tut sich niemand in mich. Und sexy findet mich auch keiner."

„Woher willst du das denn wissen?“, wunderte sich ihre Mutter.
Stella biss sich auf die Lippen. Die Geschichte mit Marcel im Schülerzeitungsbüro sollte sie jetzt besser nicht erzählen.
Eine Weile betrachteten die Eltern ihre Tochter unglücklich.
„Hast du schon mal überlegt, dass es an deinem Aussehen liegen könnte“, begann der Vater vorsichtig. „Du trägst immer diese weiten Sachen, diese Militärhose und das T-Shirt …“
„Aber du läufst auch so rum!“, verteidigte sich Stella.
„Ich arbeite ja auch bei der Bundeswehr“, winkte der Vater ab. „Und ich bin ein Mann. Aber du solltest vielleicht mal etwas Weiblicheres anziehen. Ein Kleid oder so.“
„Ein Kleid?“
Stella klang jetzt so entsetzt, dass die Eltern lachen mussten.
„Es fängt sogar schon bei deiner Unterwäsche an“, fuhr die Mutter vorsichtig fort. „Ehrlich, Stella, ich kenne kein einziges Mädchen, das Boxershorts trägt.“
„Soll ich jetzt etwa mit so einem blöden Tanga rumlaufen?“, regte sie Stella auf. „Wo sich

das Hinterteil in der Arschritze verknotet?"
„Popo!", verbesserte Frau Johannsen entsetzt.
„Stella", begann ihr Vater noch einmal sehr vorsichtig. Er wusste, dass Stella und ihre Mutter dieses Gespräch schon oft geführt hatten. „Zwischen Boxershorts und einem Tanga gibt es eine ganze Menge Slips für Frauen, die bequem sind, aber gut aussehen. So viel weiß sogar ich als Mann. Und auch zwischen einer Militärhose und einem Kleid gibt es jede Menge anderer Kleidung."
„Auch deine Schuhe könntest du mal austauschen, ohne gleich mit hochhackigen Pumps durch die Gegend zu stolpern", mischte sich die Mutter ein.
„Ich habe mir schon gedacht, dass ihr mir das sagen würdet", stöhnte Stella. Das Schlimme war nur, sie hatte zum ersten Mal in ihrem Leben das Gefühl, ihre Eltern könnten Recht haben. Vielleicht sollte sie tatsächlich mal mit ihrer Mutter auf Shoppingtour gehen. Einen Versuch war es jedenfalls wert.

7.

„Guck mal, Stella, wie findest du den denn?“ Ihre Mutter zog einen kurzen Rock aus dem Kleiderständer. „Der sieht doch wirklich süß aus. Und du könntest ein T-Shirt und sogar Turnschuhe dazu anziehen. Das tragen die jungen Mädels doch heute so.“
Stellas Mutter hatte immer einen guten Geschmack. Darum hatte Stella beschlossen, sie zum Einkaufen mitzunehmen. Sie wusste auch sehr gut, auf was sich Stella einlassen würde und was auf keinen Fall in Frage kam. Eine enge Jeans hatten sie schon gekauft. Auch ein paar schlichte, schwarze Slips und Unterhemden mit Spitze hatte Stella für gut befunden. Jetzt sollte sie noch einen kleinen Schritt Richtung Weiblichkeit wagen.
„Ein Rock? Ich hasse Röcke.“
Die Mutter hatte den Spruch offensichtlich erwartet. Trotzdem drängte sie weiter.
„Probier ihn doch mal an. Nein sagen kannst du hinterher immer noch.“
„Na gut!“
Stella nahm den Rock und verschwand in einer Umkleidekabine. Sie wollte eigentlich

auch selbst mal wissen, ob ihr diese Kleidung stand. Schnell streifte sie die Militärhose von den Beinen und schlüpfte in den kurzen Blümchenrock. Er bestand aus dünnem Chiffonstoff mit einem einfarbigen Unterrock. Ungewohnt fühlte er sich an. Aber er sah gar nicht schlecht aus, das musste Stella zugeben.
Als sie aus der Umkleidekabine trat, begann ihre Mutter, zu lachen.
„Typisch Stella. Mit diesem weiten, schwarzen T-Shirt sieht alles komisch aus."
„Man kann ja sehen, dass er passt."
Sie drehte sich vor dem Spiegel hin und her. Eigentlich sah der Rock sogar sehr gut aus. Und irgendwie war es ein schönes Gefühl, so etwas zu tragen. Der Rock fühlte sich so leicht an. So beschwingt und … irgendwie weiblich.
An der Nachbarkabine stand ein Junge und starrte zu ihr hinüber. Er nickte ihr anerkennend zu. Stella freute sich riesig darüber.
Jetzt schaute der Junge in die Umkleidekabine.
„Passt doch ganz gut", sagte er in die Kabine hinein. „Komm raus. Hier draußen ist ein Spiegel."

„Die Jeans könnte ein bisschen weiter sein", hörte Stella nun eine Stimme, die ihr ziemlich bekannt vorkam. Verdammt noch mal, war das nicht …
Zu spät. Der Vorhang der Nachbarumkleide wurde zur Seite geschoben, und Marcel trat heraus. Er trug eine Jeans, die tatsächlich ein bisschen eng saß. Den oberen Knopf hatte er nicht verschlossen. Erschrocken starrten beide einander an. Stella spürte, dass ihr am ganzen Körper heiß wurde, und auch Marcel bekam rote Ohren.
„Hi", krächzte Stella heiser.
„Hallo", erwiderte Marcel. Er zog den Bauch nun ein und knöpfte den letzten Knopf auch noch zu. Dann schaute er Stellas Rock an.
„Ich wollte nur mal …", stammelte Stella.
„Stella, guck mal, hier ist sogar noch ein ganz süßes T-Shirt", rief ihre Mutter nun und hielt ihr ein enges, schwarzes Shirt unter die Nase. Ausgerechnet jetzt, wo Marcel neben ihr stand! Stella wäre vor Peinlichkeit am liebsten in einem Mauseloch verschwunden.
Marcel räusperte sich.
„Steht dir gut, der Rock", meinte er.
„Das finde ich auch", freute sich ihre Mutter

und nickte Marcel anerkennend zu. „Stella lässt sich immer so schwer zu neuen Sachen überreden.“
Stella hätte ihrer Mutter am liebsten den Hals umgedreht.
„Also okay, nehmen wir den Rock und das T-Shirt“, sagte sie hastig. Dann stürzte sie schnell in die Umkleidekabine zurück, streifte den Rock ab und reichte ihn ihrer Mutter nach draußen.
Stella ließ sich Zeit, ihre Hose wieder anzuziehen. Der Stoff erschien ihr plötzlich so hart und schwer. Wenn sie nun in den Spiegel schaute, sah sie wieder aus wie immer. Aber so richtig glücklich fühlte sie sich nicht damit.
Es kostete sie richtig Überwindung, nun aus der Kabine zu kommen. Hoffentlich war Marcel inzwischen verschwunden.
Aber das war er nicht. Er stand vor dem großen Spiegel, diesmal mit einer anderen Jeans.
Im Spiegel begegneten sich ihre Blicke. Da hob er die Hand und winkte ihr zu. Verlegen winkte Stella zurück. Warum hatte sie sich ihm gegenüber bloß so danebenbenommen?

In den nächsten Tagen versuchte Stella, Marcel in der Schule aus dem Weg zu gehen. Sie saß mittags am anderen Ende der Mensa und achtete beim Handball darauf, nicht in seine Mannschaft gewählt zu werden.
Aber irgendwie hatte sie das Gefühl, dass er immer wieder ihre Nähe suchte.
Ob er mit ihr über die Szene im Schülerzeitungsbüro reden wollte? Stella wurde immer noch ganz anders, wenn sie daran dachte.
Da hatte sie ganz schön Mist gebaut. Ob er ihr wohl verziehen hatte? Sie wollte jedenfalls nicht, dass er eine schlechte Meinung von ihr hatte. Aber warum war ihr das überhaupt so wichtig? Irgendwie bekam sie Marcel gar nicht mehr aus dem Kopf. Was konnte das zu bedeuten haben?

8.

„Ihr habt es ja toll hier!“
Begeistert schaute sich Marcel im Garten seiner Klassenkameradin Yvonne um. Sie hatte ihn und viele andere aus der Schule zu einer Gartenparty eingeladen.
Einige Gäste standen um den Grill herum. Hier brutzelten schon die ersten Steaks.
„Nimmst du ein Bier? Oder eine Cola? Ich habe auch Erdbeerbowle.“
„Ich trinke ein Bier“, sagte Marcel, obwohl er Bier nicht so gerne mochte. Aber es hätte so kindisch ausgesehen, hier mit einer Cola herumzustehen.
Nun kamen auch ein paar Mitschüler aus seiner Klasse zu ihm herüber. Philipp und Angelo kannte er schon gut. Auch ein paar Mädchen hatten schon oft mit ihm geredet. Jenny hieß die eine, die andere irgendwie Gitte oder Gitta oder so. Sie waren alle unheimlich nett.
„Und, gefällt es dir in unserer Klasse?“, wollte Jenny wissen.
„Es sind auch welche aus der 9b da“, berichtete Philipp.

Marcel lachte. „Soll mir recht sein. Hauptsache, ihr habt nicht diese lebensgefährliche Handballerin eingeladen."
„Wen meinst du?", wunderte sich Gitte. Sie schien tatsächlich eine ganze Weile nachzudenken und kam doch auf keine Lösung.
„Na, diese mit dem Militärtick." Marcel versuchte, das alles ganz beiläufig zu erwähnen, obwohl ihm Stella seit ihrem Treffen im Kaufhaus nicht mehr aus dem Kopf wollte.
Gitte überlegte immer noch. „Stella heißt sie."
Marcel tat so, als sei ihm der Name jetzt gerade eingefallen.
„Ach Stella!" Nun lachten die Mädchen. „Die ist natürlich eingeladen. Keine Fete ohne Stella."
„Die ist hier?", rief Marcel gespielt entsetzt und ließ seinen Blick über die Anwesenden gleiten. Es war niemand mit Militärhose und Schlabber-T-Shirt zu sehen.
„Wo denn?"
„Heute sieht sie echt etwas anders aus", erklärte Yvonne. „Seit einigen Tagen schon trägt sie nicht mehr diese verrückten Sachen."
„Stimmt", fiel Marcel ein. „Ich habe sie vor einigen Tagen in einem Klamottenladen gesehen. Da hatte sie echt einen Rock an."

„Gestern lief sie sogar in Pumps rum", fiel Angelo ein. Dann machte er eine Kopfbewegung zu einem Mädchen hinüber, das am Büffet stand. Ein paar aus ihrer Klasse hatten einen Halbkreis um sie gebildet. Das Mädchen konnte unmöglich Stella sein! Sie sah unheimlich gut aus. Und so sexy und fröhlich. Sie redete und bewegte ihre Hände dabei wild in der Luft herum. An dieser Geste erkannte Marcel sie.
Tatsächlich. Das war sie. Aber sie hatte sich unheimlich verändert. Heute trug sie ein Minikleid mit kleinen Blümchen, das zum Rücken hin weit ausgeschnitten war. Ihre langen Beine endeten in rosa Flipflops. Und obwohl Marcel Flipflops eigentlich total blöde fand, passten sie zu ihr.
„Das gibt's doch nicht", staunte Marcel. „Die hat sich ja echt verändert."
Stella redete immer noch auf die anderen ein. Und jetzt … das war ja wohl die Krönung … hob sie ihren geblümten Rock ein bisschen und zeigte den anderen ihren schwarzen Slip. Er war ziemlich knapp geschnitten und hatte Spitzen am Beinausschnitt. Die anderen lachten und klatschten.

„Stella zieht wieder eine Nummer ab!“, lachte Philipp. Dann ließ er die anderen stehen und ging zu der Gruppe hinüber, die um Stella herumstand.

‚Der will sich wohl an sie ranmachen!‘, dachte Marcel verärgert. Und plötzlich spürte er einen Anflug von Eifersucht. Aber was noch viel schlimmer war: Prinz Heinrich hatte sich plötzlich in seiner Hose breit gemacht. Und auch er drängte zu Stella hinüber.

„Schwanzgesteuert“ nannten Marcels Brüder das immer, wenn ihr Verstand versagte.

Jetzt verstand Marcel plötzlich, was sie damit meinten. Denn eigentlich wollte er hier zwischen Gitte, Jenny, Yvonne und Angelo stehen bleiben. Aber Prinz Heinrich drängte ihn in eine andere Richtung. Und nun setzte Marcel tatsächlich gehorsam einen Fuß vor den anderen und folgte seinem einen männlichen Körperteil.

Stella hatte sich inzwischen selbst in Bewegung gesetzt. Sie ging nun zu der großen Wiese hinüber und setzte sich auf eine der Bierzelt-Bänke. Marcel änderte seine Richtung

und folgte ihr. Dabei hatte er die Hände in den Hosentaschen. Das sah hoffentlich lässig aus.
Jetzt hatte Stella ihn entdeckt. Und nun sah sie wirklich verlegen aus. Sie wurde sogar ein bisschen rot.
„Hi!“
„Hi!“, sagte auch Marcel. Er fasste ihre Anrede als eine Einladung auf, sich zu ihr an den Tisch zu setzen.
„Bist du auch hier?“
Au Mann, war das eine blöde Frage! Aber etwas anderes fiel ihm gerade nicht ein!
„Sieht so aus.“
Die Antwort war zu erwarten gewesen.
Bei der bescheuerten Frage!
Die beiden schwiegen einen Moment lang.
Was sollte man auch sagen, wenn man vor einiger Zeit eine ziemlich peinliche Begegnung in einem Schülerzeitungsbüro gehabt hatte?
Gott sei Dank half Elena den beiden aus der Verlegenheit. Sie tippelte hochhackig über die Rasenfläche, direkt auf Stella zu.
„Stella!“, quietschte sie. „Das gibt’s doch wohl nicht! Wie siehst du denn aus?“

Stella verdrehte die Augen.
„Hab mich heute mal als Lady Gaga verkleidet“, meinte sie.
„Lady Gaga? So’n Quatsch! Die kann ja nun mal gar nicht mit dir mithalten“, rief Elena noch lauter. „Steh mal auf! Bitte! Lass dich ansehen!“
Sie zog so lange an Stella herum, bis diese tatsächlich aufstand. Dabei verdrehte sie die Augen. Elena wirbelte sie im Kreis herum.
„Wahnsinn. Total geil. Du hast so eine Superfigur. Das hat keiner von uns gewusst.“
„Ich wollte euch auch immer eine Chance lassen“, erwiderte Stella.
Aber Elena konnte gar nicht aufhören, zu kreischen. „Zu süüüß! Dieses Kleid. Und was du für lange Beine hast.“
‚Und was du für einen süßen Busen hast‘, hätte Marcel am liebsten gesagt, aber das traute er sich nicht.
Als sich Stella vor Elenas kritischem Blick im Kreis drehte, begegneten sich ihre Blicke.
Marcel zwinkerte ihr zu.
Da grinste Stella ihn an.
Und Marcel fühlte sich plötzlich, als hätte er zu viel von seinem Bier getrunken. Kribbelig

im Bauch und leicht schwindelig. Aber dieses Gefühl war viel schöner.

An diesem Abend redeten Stella und Marcel auf der Party nicht weiter miteinander. Auch als einige Paare anfingen, zu tanzen, machten die beiden nicht mit. Sie saßen jeder für sich auf einer dieser Bänke, redeten mal mit diesem und mal mit jenem. Sie tranken Bier und bemühten sich, aneinander vorbeizusehen. Manchmal, ganz manchmal, begegneten sich ihre Blicke. Und das fühlte sich verdammt gut an.

Als Stella am späten Abend irgendwann aufstand und sich von den anderen verabschiedete, wusste Marcel, dass seine Chance gekommen war. Schnell stand er ebenfalls auf und verließ die Party.
Nur war er ein ganz kleines bisschen schneller als Stella. Darum stand er schon auf der Straße und wartete darauf, dass auch sie das Haus verließ.
„Hallo“, sagte er dann.

Sein Herz klopfte verdammt laut. Hoffentlich hörte sie es nicht!
„Hallo“, erwiderte Stella. Sie sah gar nicht so besonders erstaunt aus.
„In welche Richtung gehst du?“, fragte Marcel. Und einen Moment lang hatte er Angst, Stella könnte sagen, dass ihn das nichts anginge. Aber das sagte sie nicht.
„Hier lang“, meinte sie. „Bis zur Hauptstraße und dann nach rechts. Wir wohnen in der Stephanusstraße.“
„Dann können wir ein Stück zusammengehen“, meinte Marcel. „Wenn du magst“, fügte er ein wenig leiser hinzu.
Stella nickte. Gott sei Dank.
Sie gingen nebeneinander her, den Bürgersteig entlang. Der Sommerabend hing warm und dämmrig über der Stadt.
‚Was rede ich bloß mit ihr?‘, dachte Marcel verzweifelt. Natürlich konnte er mit ihr über die Fete sprechen. Über Yvonne oder Elena, oder über Philipp. Aber zwischen all diesen unbekümmerten Themen stand diese eine schwierige Erinnerung an den Tag im Schülerzeitungsbüro. Stella, die sich so dicht neben ihn setzte. Stella, die ihre Hand auf seinen

Oberschenkel legte. Und er, wie er fluchtartig aus dem Zimmer gestürzt war.
Stella hatte den Mut, das Thema anzugehen. „Du“, sagte sie. „Der Tag vorige Woche, als ich da über dich hergefallen bin, der tut mir schrecklich leid.“
„Schon vergessen“, sagte Marcel schnell.
„Es war einfach so, dass ich noch nie mit jemandem geschlafen habe. Und ich dachte, ich will das jetzt einfach mal erleben.“
„Hmmm“, murmelte Marcel. Das konnte er so gut verstehen. Er wollte es auch mal gerne erleben. Nur eben nicht gleich so.
„Aber mir ist klargeworden, dass man das nicht so machen kann“, fuhr Stella fort. „Selbst so Jungen wie du, die schon jede Menge Frauen vernascht haben, kriegen dann Panik.“
Es war verdammt mutig von ihr, so etwas zu sagen. Sie tat nicht einfach so, als wenn nichts gewesen wäre. Marcel bewunderte das an ihr.
„Ich und Frauen vernascht“, murmelte er. „Wer erzählt denn so was?“
„Du hast es gesagt“, erinnerte ihn Stella.
Marcel fiel das Interview für die Schülerzeitung wieder ein.

„Naja, die eine oder andere“, redete er sich schnell raus. „Aber so viele waren es nun auch nicht.“

„Du konntest dich noch nicht mal an dein erstes Mal erinnern. Hast du jedenfalls behauptet“, wunderte sich Stella nun. Sie bogen nun in die Stephanusstraße ab.

„Tja, dann war es wahrscheinlich nicht besonders gut“, winkte Marcel verlegen ab.

„Aber das erste Mal? Das vergisst man doch nie. Egal wie es war“, erwiderte Stella beharrlich. „Ich bin mir jedenfalls ganz sicher, dass ich das erste Mal niemals vergessen werde.“

Marcel sagte nichts dazu.

‚Wie es wohl ist, mit ihr zusammen zu sein?‘, dachte er plötzlich.

Sie war jemand, der sagte, was er dachte. Das gefiel ihm. Er hatte noch nie so ein offenes Mädchen kennengelernt. Diese Ehrlichkeit zog ihn an und machte ihm gleichzeitig so viel Angst.

Stella überlegte weiter. „Das missglückte Treffen im Büro in der Schule vergesse ich wohl auch nie“, fügte sie kleinlaut hinzu.

„Jedenfalls entschuldige ich mich noch mal dafür. Es kommt bestimmt nie wieder vor.“

Dass sie den Mut hatte, ein heißes Thema anzusprechen, und die Größe hatte, sich zu entschuldigen, imponierte Marcel total.
Jetzt war der Zeitpunkt gekommen. Der Punkt, an dem er auch die Wahrheit sagen sollte. Jedenfalls, wenn man so ein Mädchen wie Stella für sich gewinnen wollte. Und Marcel wollte diese Stella für sich gewinnen. Das spürte er ganz deutlich.
„Soll ich dir mal sagen, warum ich mich nicht erinnern kann?“ Marcel fühlte das Blut in seinen Kopf schießen. Er atmete tief durch.
„Weil ich auch noch nie mit einem Mädchen geschlafen habe.“
Es tat so gut, das gesagt zu haben!
„Waaas?“
Stella war jetzt auf der Stelle stehen geblieben. Sie schaute Marcel so überrascht an, dass er lachen musste.
„Ja, da siehst du es mal wieder. Wer große Sprüche macht, muss nicht unbedingt immer die Wahrheit erzählen.“
Er blieb nun auch stehen.
„Es ist nämlich so, dass wir Jungen auch durchaus romantisch sind“, meinte er. „Wir warten nämlich manchmal auch auf die Liebe.“

Das hörte sich irgendwie ziemlich gut an. Besser hätte es Robert Pattinson wahrscheinlich auch nicht hingekriegt.
Stella hatte immer noch dieses verwunderte Gesicht. Sie hatte den Kopf etwas zur Seite geneigt und starrte ihn mit großen Augen an.
Eigentlich hätte Marcel Stella jetzt gerne umarmt. Aber das traute er sich nicht.
Er sah an ihr vorbei. Direkt hinter ihr befand sich ein großer Busch mit dicken, lila Blüten. Marcel streckte eine Hand aus und pflückte eine dieser Blüten ab. Dann reichte er sie Stella.
Stella sah immer noch überrascht aus. Aber jetzt lächelte sie. Dann hielt sie sich die Blume unter die Nase und roch daran.
„Danke", sagte sie und war sichtlich gerührt.
Jetzt war der Moment gekommen! Jetzt oder nie!
Verdammt, warum mussten die Jungen immer den Anfang machen? Er wusste doch auch nicht, wie das mit dem Küssen so richtig ging.
Vorsichtig ging er auf Stella zu und legte seine Arme um ihre Schultern. Eigentlich war dann alles ganz einfach. Denn nun legte auch Stella ihre Arme um seinen Körper. Einen Moment

lang schmiegten sie sich ganz eng aneinander. Und dann lief alles wie von allein. Marcels Mund fand Stellas Lippen, und dann küssten sie sich. Erst so ein vorsichtiges Kinderküsschen. Dann glitt sein Mund weiter. Er küsste ihre Wangen und ihre Augen. Und weil Stella ihn dann auch küsste, traute er sich, auch wieder zu ihrem Mund zurückzukehren.
Dann wagte er den ersten Zungenkuss seines Lebens. Er hatte sich einige Male auf YouTube angesehen, wie das ging. Darum öffnete er einfach seinen Mund und schob seine Zunge in Stellas. Sie schien darauf gewartet zu haben, denn auch ihre Lippen waren ein wenig geöffnet. Ihre Zungen spielten eine Weile miteinander, ihre Lippen pressten sich aufeinander. Der Kuss dauerte ewig.
Prinz Heinrich fand das höchst aufregend. Er stand die ganze Zeit in seiner Hose wie ein Fahnenmast.

9.

Es war wie ein Rausch. Als Stella nach Hause kam, war sie völlig weggetreten. Ihr ganzer Körper war in einen Zaubermantel eingehüllt.
Ihre Eltern saßen noch im Wohnzimmer. Leider. Eigentlich wollte Stella jetzt mit niemandem reden. Sie wollte einfach diesen Zauber für sich behalten, hatte das Gefühl, er verschwindet, wenn sie nur ein Wort reden würde.
„Ich bin wieder da", rief sie ihren Eltern kurz zu und streckte den Kopf ins Wohnzimmer.
„Wie war es?", wollte ihre Mutter wissen.
Mütter fragten immer so etwas.
„Gut", winkte Stella schnell ab. Dann zog sie die Tür wieder hinter sich zu.
In ihrem Zimmer legte sie die Blume auf ihren Nachtisch. Dann warf sie sich in voller Montur aufs Bett und starrte an die Decke.
War das alles wirklich passiert? Hatte Marcel sie wirklich geküsst?
Stella grübelte. Es war alles so schnell gegangen.
Vielleicht musste er sich aber alles noch mal durch den Kopf gehen lassen. Möglicher-

weise traf er schon eine Straßenecke weiter eine andere, der er Blumen schenkte. Verdammt, warum musste man sich immer so schwere Gedanken machen, wenn man verliebt war! Und das war sie doch, oder? Warum konnte sie nicht einfach glücklich sein? Das genießen, was war? Marcel hatte sie geküsst und er hatte ihr eine Blume geschenkt. Und was noch viel viel großartiger war: Er hatte noch nie mit einem Mädchen geschlafen. Das war kaum zu glauben.

Trotzdem war der nächste Tag wieder voller Angst. War alles noch so wie gestern Abend? Stella spürte ein Frösteln am ganzen Körper, als sie den Schulhof betrat. Eva und Leon standen schon wieder aneinandergekuschelt an der Tischtennisplatte. Jetzt winkten sie Stella zu. Stella ging langsam auf die Freunde zu. Dabei glitten ihre Augen suchend über den Schulhof. Wo war er? Da schellte schon die Klingel, und sie musste in den Unterricht. Stella konnte den ganzen Morgen an nichts anderes mehr denken als an den Kuss. Bedeutete er für Marcel dasselbe wie für sie?

Spürte auch er dieses Kribbeln im Bauch? Oder bildete sie sich nur etwas ein?
Erst in der Mittagspause hatte sie wieder die Gelegenheit, nach Marcel zu suchen.
Auf dem leeren Schulhof fand sie ihn schließlich. Sie winkte ihm leicht ängstlich zu.
Wie würde er reagieren?
Er kam mit so schnellen Schritten auf sie zu, dass ihr Herz gar keine Möglichkeit hatte, schneller zu klopfen. So setzte es fast vor Schrecken ein paar Schläge lang aus.
„Na? Gut geschlafen?“
Er schob ihre Locken aus dem Gesicht und küsste sie zärtlich.
Stella war so erschrocken und fassungslos und glücklich und … ja sie war einfach so wahnsinnig wahnsinnig verliebt, dass sie gar keinen klaren Gedanken fassen konnte.
„Ich habe die ganze Nacht wach gelegen“, flüsterte er. „Ich musste die ganze Zeit darüber nachdenken, wie ich es dir sage.“
„Was?“, fragte Stella.
„Ich wollte dir unbedingt sagen, dass ich mich in dich verliebt habe“, antwortete Marcel.
Stella lächelte glücklich. Alle Befürchtungen waren verschwunden.

„Ich mich auch in dich“, antwortete sie.
Er legte jetzt den Arm um sie und ging mit ihr über den Schulhof in die Mensa.
Dort trafen sie direkt auf Yvonne und die anderen aus seiner Klasse. Die standen mit offenen Mündern da. Elena sah richtig erschrocken aus. Vielleicht hatte sie sich auch in Marcel verknallt. Stella konnte das gut verstehen.
„Darf ich vorstellen, meine Freundin Stella“, erklärte Marcel den anderen. Seine braunen Augen blitzten, und in den Mundwinkeln hatten sich tiefe Grübchen gebildet.
Elena fand als Erste die Sprache wieder.
„Seit wann?“, platzte sie heraus.
„Seit gestern“, lachte Stella.

Die folgenden Tage waren unglaublich.
Marcel war so glücklich wie noch nie in seinem Leben. Den ganzen Tag über dachte er an Stella. Wenn er mit ihr zusammen war, war er überglücklich. Wenn sie sich trennten, sehnte er sich sofort nach ihr.
Er ging durch die Stadt und überlegte, ihr etwas Schönes zu schenken. Schließlich

kaufte er einen kleinen Schlüsselanhänger mit einem Bären. „Ich bin immer für dich da", stand auf dem Pulli, den der Bär trug.
Am nächsten Tag in der Schule schlich Marcel die Flure entlang, bis er Stellas Jacke am Garderobenhaken der 9 b hängen sah. Schnell ließ er den Bären in der Jackentasche verschwinden.
Mittags kriegte er eine SMS. „Du bist so süß! Danke! Stella."

Auch Stella war in diesen ersten Tagen wahnsinnig glücklich. Sie sang in einer Tour die albernsten Lieder und ging damit allen furchtbar auf die Nerven. Sie presste die Blume, die Marcel ihr geschenkt hatte, und klebte sie in einen Bilderrahmen. Sie räumte ihr Zimmer freiwillig auf. Sie schrieb wieder Tagebuch. Sie spielte nur noch mit Marcel zusammen in einer Handballmannschaft.
Und sie backte sogar einen Zitronenkuchen für ihn. Es war eigentlich eine Backmischung, aber Stella schaffte es, sogar dabei die Zutaten durcheinanderzubringen. Der Kuchen war deshalb ziemlich braun und etwas platt

geworden. Aber Marcel meinte, er würde großartig schmecken.

Wenn die beiden sich trafen, gingen sie manchmal mit ihren Klassenkameraden aus. Sie saßen mit ihnen im Park herum oder trafen sich bei Yvonnes Eltern im Keller.
Es war schön, etwas gemeinsam mit Freunden zu tun. Das hatte Eva Stella immer wieder geraten. Sie hatte sich nämlich mit Leon eine Zeitlang total abgekapselt, und da waren sich die beiden irgendwann ziemlich auf die Nerven gegangen.
Noch schöner fanden es Marcel und Stella aber, allein zu sein. Sie schmusten viel, küssten sich oft, manchmal kämpften sie auch und tollten auf dem Bett herum.
Später lagen sie dann aneinandergekuschelt im Bett, küssten sich und redeten leise. Es war unheimlich schön, so dicht beieinanderzuliegen. Manchmal schmiegte sich Marcel so eng an Stella, dass Prinz Heinrich auch auf seine Kosten kam. Er konnte sich an Stellas Bein drücken, und Stella schien nichts dagegen zu haben.

Einmal rutschte Stellas T-Shirt ziemlich nach oben. Marcel sah ihren nackten Bauch.
Er nutzte die Gelegenheit und streichelte ihn. Seine Hand glitt höher und höher. Schließlich war sie bei ihrem BH angekommen.
Stella schien das ebenfalls zu genießen. „Soll ich mal mein T-Shirt ausziehen?", fragte sie, ohne die Augen zu öffnen.
Marcel wusste nicht, was er dazu sagen sollte. Stella war immer so direkt. Er zog ihr also einfach das T-Shirt über den Kopf. Keine Gegenwehr. Jetzt lag sie neben ihm mit der engen Jeans und dem schwarzen BH.
Ob er wohl wagen konnte, den BH zu öffnen? Marcel wusste, dass diese Dinger auf der Rückseite einen Verschluss hatten. Darum nestelte er mit seinen Fingern an ihrem Rücken herum. Verdammt! Wie ging dieses Ding bloß auf?
Marcel nahm nun seine andere Hand zu Hilfe. Da schlug Stella die Augen auf und grinste. „Das ist ein Sport-BH", sagte sie. „Der hat keinen Verschluss! Man zieht ihn über den Kopf!"
Sie richtete sich auf, kreuzte ihre Arme über der Brust, fasste unter den BH und zog ihn aus. Marcel hatte sich ebenfalls aufgesetzt.

Er schaute ihr zu, betrachtete ihren festen Busen mit den kleinen Brustwarzen. Dann lächelte er.
„Ich habe dir doch gesagt, dass ich total unerfahren bin."
Prinz Heinrich wurde es jetzt verdammt eng in der Hose. Am liebsten hätte er auch ein bisschen mitgemischt. Aber das gestattete Marcel ihm nicht.
„Du bleibst, wo du bist", murmelte er und drohte Prinz Heinrich mit dem Zeigefinger.
Stella lachte.
„Zieh dein T-Shirt auch aus", schlug sie vor.
Das ließ sich Marcel nicht 2-mal sagen.
Er zog es über den Kopf und ließ es neben das Bett fallen.
Stella war es wichtig, sich viel Zeit zu lassen.
Ganz langsam ließ sie sich auf das Bett zurücksinken.
Marcel beugte sich über sie. Ganz langsam.
Und dann berührten sich ihre Körper. So vorsichtig und langsam, dass Stella überall eine Gänsehaut bekam. Sie streichelte seinen Rücken, ließ es zu, dass er ihren Busen berührte und ihn ebenfalls streichelte. Und als er seine Lippen über ihre Brust gleiten ließ, war ihr gan-

zer Körper mit einer Gänsehaut überzogen. Es war alles so erregend, so aufregend und neu.

Plötzlich klackerte die Haustür. „Stella!“
Stella und Marcel fuhren erschrocken auseinander.
„Mist! Meine Eltern!“, flüsterte Stella.
Sie schnappte sich ihr T-Shirt und zog es über den Kopf, ohne BH. Marcel stürzte ebenfalls in seine Klamotten.
„Ja!“, brüllte Stella da schon und riss ihre Zimmertür auf.
„Kommt ihr zum Kaffeetrinken? Wir wollen doch mal deinen neuen Freund kennenlernen“, rief die Mutter.
„Perfektes Timing“, grinste Marcel. Er versuchte, mit den Fingerspitzen seine Haare zu ordnen.
„Wir kommen sofort“, rief Stella zurück.
Als sie dann zwischen den Eltern am Kaffeetisch saßen und miteinander redeten und lachten, spürte Marcel plötzlich einen Fuß an seinem Bein. Stella. Er zwinkerte ihr zu. Dabei musste er die ganze Zeit daran denken, dass sie keinen BH trug.

10.

Stella konnte ihr Glück kaum fassen. Sie hatte den Schlüssel zur Wohnung ihrer Oma bekommen!
„Kannst du wohl die Blumen gießen und Nicki und Picki füttern?“, hatte diese sie gefragt. Nicki und Picki waren Omas Wellensittiche. Zwei grüne, schon ziemlich altersschwache Vögel, die Oma über alles liebte. „Außerdem muss die Post aus dem Briefkasten geholt werden.“
„Mach ich“, versprach Stella. Dann befestigte sie den Türschlüssel an ihrem Schlüsselbund. Omas Wohnung! Das war die große Chance! Diese Wohnung war sicher vor ihren neugierigen Eltern und Marcels sexbesessenen Brüdern, die zu gerne mal überraschend ins Zimmer platzten.
Oma war eine ganze Woche weg. Zeit genug, um mit Marcel allein zu sein und all die spannenden Dinge zu tun, ohne dabei gestört zu werden. Sie konnte es kaum erwarten, ihn zu treffen.

„Guck mal, was ich habe", flüsterte sie ihm am nächsten Tag nach der Schule ins Ohr und zeigte den Wohnungsschlüssel.
„Was ist das?" Marcel kapierte mal wieder nichts.
„Omis Wohnungsschlüssel", erklärte Stella.
„Sie ist für eine Woche verreist. Weißt du, was das für uns bedeutet?"
Nun sah auch Marcel seine große Chance.
Er strahlte.
„Dass wir uns auf Omis Bett hin und her wälzen?", schlug er vor.
„Kann auch Omis großes Sofa sein", lachte Stella.
Sie spürte ein Prickeln am ganzen Körper.
Als wenn sie ihn in Sekt getaucht hätte.
Marcel legte seinen Arm um sie.
„Wollen wir jetzt?"
„Klar. Ich muss doch Blumen gießen, die Vögel füttern …"
„Vögel füttern. Das passt." Marcel grinste.
Auch er wirkte plötzlich total überdreht.
Stella führte Marcel die lange Hauptstraße entlang. Schließlich bogen sie in die kleine Seitenstraße ein, die zu dem Mehrfamilienhaus führte, in dem Stellas Oma lebte.

Stella zog den Schlüssel aus der Tasche und öffnete die Tür. Auf Zehenspitzen betraten beide den Flur. Sie wussten selbst nicht, warum sie so leise waren. Es war doch klar, dass niemand da war. Doch es war dieser geheimnisvolle Moment, der alles so aufregend machte.

„Hier ist Omis Küche, da ist das Wohnzimmer mit dem Vogelkäfig …"

„Hallo, ihr zwei!" Marcel beugte sich dicht über den Käfig. Die Vögel krächzten und sprangen aufgeregt hin und her.

„… und da hinten ist … das Schlafzimmer."

„Hier?" Marcel stand nun dicht hinter Stella in der Tür und starrte auf die beiden Betten, die wie ein großes, altes Ehebett nebeneinanderstanden. Das eine Bett war mit heller Bettwäsche bezogen, das andere mit einer Tagesdecke zugedeckt.

„Hier schlief immer mein Opa", erklärte Stella und zeigte auf das zugedeckte Bett. „Aber er lebt nicht mehr."

„Ist er im Bett gestorben?", fragte Marcel und schaute entsetzt auf die verdeckte Seite.

Stella schüttelte den Kopf. „Im Krankenhaus", erklärte sie.

Schweigend starrten beide immer noch auf das Ehebett. Stella spürte, dass es Marcel unbehaglich war.
„Ich glaube, wir gehen besser ins Wohnzimmer“, schlug sie vor.
Marcel stimmte sofort zu. Er sah nun wirklich erleichtert aus.

Sie legten sich auf das große Sofa. Marcel ging schnell zur Sache. Er fummelte sofort unter Stellas T-Shirt herum, zog es aus und streifte ihr den BH über den Kopf. Jetzt war er richtig routiniert. Stella kicherte. Sie machte sich an Marcels Hose zu schaffen.
„Heute mal ganz nackt, oder?“, meinte sie.
„Von mir kannst du alles haben“, grinste Marcel.
Sie halfen sich gegenseitig beim Ausziehen. Dann lagen sie einen Moment lang still nebeneinander. Noch nie hatten sie sich nackt gesehen. Das war ein ganz besonderer Augenblick. Stella hatte eine Gänsehaut am ganzen Körper. Vorsichtig streckte sie ihre Hand aus und streichelte Marcel eine Weile liebevoll am ganzen Körper.
Danach war es an Marcel, sie zu berühren.

Er richtete sich auf und küsste sie lange und zärtlich. Seine Hände glitten über ihre Brust, dann wanderten sie weiter über ihren Bauch nach unten.
Stella hatte die Augen geschlossen. Sie zog ihn schließlich an sich und küsste ihn wieder. Dann hielt sie seine Hand fest. Ihre Augen öffneten sich.
„Du“, flüsterte sie. „Lass es uns machen, ja?“
„Jetzt?“ Marcel erstarrte vor Schreck.
Vorsichtig zog er seine Hand zurück.
„Jetzt oder nie!“ Stella schien fest entschlossen zu sein.
„Aber ich habe gar kein Kondom dabei“, wehrte Marcel ab. Er fühle sich von Stellas Plänen ein bisschen überrumpelt.
„Aber ich“, lachte Stella. Sie drehte sich um und wühlte in ihrem Kleiderberg. Schließlich zog sie ein Präservativ aus der Tasche.
„An alles gedacht!“, lachte sie.
Marcel fühlte sich plötzlich ausgetrickst.
Er kam sich so kindisch neben ihr vor.
Picki und Nicki sprangen unruhig hin und her. Sie krächzten und kamen ganz dicht an das Käfiggitter heran. Der eine Vogel hielt den Kopf schräg und schielte zu Marcel hinunter.

„Ich glaube, der mag uns nicht", murmelte Marcel.
„Komm! Stör dich nicht an denen", kicherte Stella und drückte sich an ihn. Ihre Hand tastete wieder nach Prinz Heinrich.
„Soll ich das Tütchen überstülpen? Ich hab mir im Internet angeguckt, wie das geht", schlug sie vor.
„Weiß nicht", murmelte Marcel.
Und nun passierte etwas ganz Schreckliches. Etwas, was ihm noch nie passiert war. Prinz Heinrich kriegte es mit der Angst zu tun.
Er wurde kleiner und kleiner.
„Was ist los?", wunderte sich Stella. „Willst du nicht?"
Marcel richtete sich auf.
„Du", sagte er. „Mir ist das alles zu viel im Moment. Diese Wohnung, die Vögel … lass uns das heute nicht machen, okay?"
Er sah Stella an, dass sie verletzt war.
„Habe ich was falsch gemacht?", fragte sie unglücklich.
„Nein, nein, alles gut, alles gut", wehrte Marcel ab. „Aber wir sollten erst mal damit aufhören."
Stella antwortete nicht. Sie griff zu ihren Sachen und zog sich an. Auch Marcel schlüpfte

in seine Klamotten. Als beide die Wohnung verließen, hatte er ein furchtbar schlechtes Gewissen.

Zu Hause fühlte sich Marcel hundeelend. Seine Brüder Florian und Hendrik saßen vor der Glotze. Ausnahmsweise sahen sie die Simpsons, keinen Porno.
„Na, Brüderchen? Hattest du einen schönen Tag?“, wollte Florian wissen und schob ihm die Chipstüte rüber.
„Geht so“, erwiderte Marcel und setzte sich neben Flo auf das Sofa.
„Kann ich euch mal was fragen?“, begann er vorsichtig. „Wenn man mit einem Mädchen schlafen will …“ Seine Brüder sahen ihn aufmerksam an.
„Der will schon wieder nen Porno gucken!“, kreischte Hendrik.
Marcel platzte der Kragen.
„Halt die Klappe, Alter!“, fuhr er ihn unglücklich an. „Ich will einfach mal mit euch reden.“
Florian wurde sofort ernst.
„Halt echt mal den Mund“, fauchte er.
„Ich glaube, Marcel geht's nicht so gut.“

Nun wurde auch Hendrik ernst. Er schaltete sogar die Simpsons aus.
„Frag, was du wissen willst“, forderte er Marcel auf. „Und lass dir was von einem erfahrenen Mann wie mir sagen: Das erste Mal ist immer scheiße!“
„Danke!“ Marcel musste lachen.
Dann erzählte er von seinem Treffen mit Stella. Wie er eigentlich nur Petting wollte, sie aber ganz andere Pläne gehabt hatte. Und wie ihn Prinz Heinrich schließlich im Stich gelassen hatte.
Florian und Hendrik lachten nicht, sie machten auch keinen blöden Spruch.
„Mach dir nichts draus, Bruder“, sagte Hendrik sogar. „Das ist mir auch schon mal passiert.“
„Ich erkläre dir mal, wie das alles so abläuft und was da so schiefgehen kann“, begann Florian.
Marcel erinnerte sich dunkel an den Aufklärungsunterricht in der Schule. Damals hatte er nicht besonders gut aufgepasst. Und solche Probleme waren dabei nicht vorgekommen.
Doch Florian wusste, was Marcel hören wollte, und beantwortete geduldig jede seiner Fragen.

„Und was mache ich, wenn Prinz Heinrich beim nächsten Mal wieder schlappmacht?“ Diese Frage brannte Marcel besonders auf der Seele.

„Also, zunächst mal darfst du dich nicht unter Druck setzen“, erklärte ihm Florian. „Wenn das Mädchen mit dir Sex haben will, ist das ihre Sache, du musst gucken, wann du willst.“

„Es hilft, wenn die Umgebung schön ist“, fiel Hendrik ein. „Nicht so eine alte Abstellkammer. Das wird nichts. Du brauchst ein schönes Sofa oder Bett, gute Musik …“

„… nicht zu vergessen: Du brauchst Zeit und Ruhe. Nicht den Stress, dass gleich einer reinkommt.“ Florian zwinkerte ihm zu.

„Wichtig ist auch die Verhütung“, erinnerte Hendrik. „Wenn man Angst hat, sie kann schwanger werden, wenn du nicht aufpasst, kannst du es komplett vergessen.“

„Ein Kondom brauchst du sowieso immer, schon allein wegen Aids“, ergänzte Florian.

Marcel war total erleichtert. Noch nie hatte er so viel Unterstützung von seinen Brüdern bekommen. Jetzt ging es ihm wirklich besser.

Stella hatte furchtbares Herzklopfen, als sie im Sprechzimmer der Frauenärztin saß. Ihre Mutter hatte sie begleiten wollen, aber Stella wollte das nicht. Sie fühlte sich erwachsen genug, um alleine zu gehen. Aber jetzt, als sie ohne Begleitung im Wartezimmer saß, kam sie sich doch verdammt klein vor.
„Frau Johannsen“, rief die Sprechstundenhilfe.
Stella nickte und stand auf. Dann ging sie ins Sprechzimmer hinüber. Die Frauenärztin saß schon am Schreibtisch und machte eine Handbewegung zum Stuhl davor. Stella setzte sich und schlug die Beine übereinander.
„Warum sind Sie gekommen?“, fragte die Ärztin freundlich. Ihre warmen Augen waren aufmerksam auf Stella gerichtet.
„Ich möchte mir die Pille verschreiben lassen“, erwiderte Stella.
Die Ärztin nickte.
„Wie alt sind Sie?“, wollte sie wissen.
„15.“
„Dann kann ich Ihnen ein Rezept auch ohne Zustimmung Ihrer Eltern ausstellen, wenn ich Sie für verantwortungsbewusst genug halte.“
Stella nickte.
„Wann hatten Sie das letzte Mal Ihre Periode?“

„Vor zwei Wochen.“
Stella taute allmählich auf. Es fühlte sich gut an, gesiezt zu werden. Sie kam sich plötzlich so erwachsen vor.
„Hatten Sie schon einmal Geschlechtsverkehr?“, fragte die Ärztin weiter.
Stella schüttelte den Kopf. Einen Moment zögerte sie. Ob sie es wohl wagen konnte, der Frau von dem stressigen ersten Mal zu erzählen? Sie gab sich einen Ruck, dann legte sie los. Erzählte von ihrer Beziehung zu Marcel, von den schönen, zärtlichen Begegnungen und dem missglückten Sex auf Omas Sofa.
Die Ärztin hörte aufmerksam zu.
„Sie dürfen nicht zu viel fordern“, sagte sie Stella. „Jungs sind manchmal empfindlich. Wenn sie sich unter Druck gesetzt fühlen, kann das die Potenz beeinflussen.“
„Oh Mann. Ich geh wirklich immer gleich so ran“, gab Stella zerknirscht zu und strich sich ihre Locken aus dem Gesicht.
Die Ärztin lachte.
„Es ist ja auch toll, dass Sie so mutig sind“, meinte sie. „Nur wenn Ihr Partner eher ängstlich ist, sollten Sie unbedingt ihn das Tempo bestimmen lassen.“

„Ich werde mir Mühe geben“, brummte Stella. Die Untersuchung verlief ganz einfach. Stella legte sich auf den großen gynäkologischen Stuhl, und die Ärztin tastete sie ab. Außerdem wurde eine Ultraschalluntersuchung gemacht. Später wurde auch noch die Brust abgetastet. Alles ging schnell und tat nicht besonders weh.
Trotzdem war Stella froh, als sie es hinter sich hatte.
„So eine Partnerschaft, wie Sie sie haben, ist ein großer Schatz“, sagte die Ärztin später, als sie gemeinsam noch einmal im Sprechzimmer saßen. „Genießen Sie es, dass Sie den ersten Sex gemeinsam miteinander haben.“
„Das stimmt“, gab Stella zu.
Als sie die Praxis mit einem Rezept für die Antibabypille verließ, fühlte sie sich, als ob Tonnen von Steinen von ihrem Herzen gefallen wären.

Am liebsten hätte Marcel nie wieder über das missglückte erste Mal geredet. Aber das ließ Stella nicht zu. Sie packte schließlich immer die heißen Themen an.

„Meine Frauenärztin hat gesagt, wir sollten uns bloß nicht stressen und die Dinge einfach auf uns zukommen lassen.“, sagte sie. „Unsere Partnerschaft wäre ein großer Schatz! Das mit dem Sex wird schon kommen, wenn die Zeit reif ist.“

„Da hat sie Recht“, stimmte Marcel erleichtert zu. „Wir sind ein tolles Paar. Das dürfen wir nicht vergessen.“

Sie küssten sich lange und innig.

Es tat gut, miteinander über alles reden zu können.

11.

Bei Marcel war Stella noch nicht so oft gewesen. Darum war sie ein bisschen aufgeregt, als sie jetzt bei ihm klingelte.
Der Türöffner summte. Stella ging die lange Treppe hinauf bis in den zweiten Stock.
Marcel wartete schon an der Korridortür.
Er sah heute irgendwie anders aus.
„Hallo!" Stella küsste ihn auf die Wange.
Es war seltsam still im Wohnzimmer. Sonst tönte immer der Fernseher.
„Was ist los bei euch? Alles so still hier", wunderte sich Stella.
„Alle ausgeflogen", erklärte Marcel.
Stella sah, dass seine Augen leuchteten.
Ihr Herz begann, zu klopfen. Der Gedanke, mit Marcel allein in der Wohnung zu sein, war total spannend.
Nun öffnete er die Tür zu seinem Zimmer.
Es war klein, darin standen nur ein Regal, eine Kommode, ein Schreitisch und ein Bett.
Musik lief. Marcel hatte die orangen Vorhänge zugezogen. Die Sonne warf ein warmes Licht ins Zimmer.
Stella spürte plötzlich eine große Befangenheit.

Irgendwie war sie nervös. Hatte Marcel geplant, mit ihr zu schlafen? Darauf war sie jetzt überhaupt nicht vorbereitet.
„Sind deine Brüder und deine Eltern länger weg?“, fragte sie.
„Bis heute Abend.“
Marcel umarmte Stella.
„Guck nicht so ängstlich“, sagte er und streichelte über ihre Arme. „Ich will gar nicht mehr von dir. Ich will einfach nur mit dir zärtlich sein, sonst nichts.“
„Ich habe doch auch keine Angst“, versuchte Stella zu lächeln. ‚Nur Angst davor, dass es wieder nicht klappt‘, dachte sie, aber das sagte sie nicht.
Sie legten sich aufs Bett, angezogen zunächst, küssten sich und redeten miteinander.
„Du bist das aufregendste Mädchen der Welt“, flüsterte Marcel Stella ins Ohr. „Ich bin so verdammt froh, dass ich dir begegnet bin.“
Es ging alles von allein. Das Küssen, das Streicheln, das Ausziehen. Irgendwann plötzlich lagen sie ganz nackt da.
Marcel streichelte Stella überall. Das Gesicht, den Bauch, die Beine und Füße … iiih, das kitzelte!

Nun begannen auch Stellas Hände wieder, ihn zu streicheln. Ihre Hände wurden fordernder. Es war beiden klar, dass sie es wollten.
„Wir machen es, oder?“, fragte Marcel leise.
Stella schüttelte den Kopf. „Ich habe gar kein Kondom dabei“, flüsterte sie.
Marcel grinste. „Aber ich.“
„Streichelzart, oder?“, lächelte sie.
Jetzt endlich passierte das, wonach sie sich so gesehnt hatten.
Danach lagen beide ganz still. Spürten nur, was in ihnen und mit Ihnen geschehen war. Das war ein wunderschönes Gefühl.
Dann war der Augenblick vorüber. Stella wusste, Marcel war gekommen. Sie selbst hatte keinen Orgasmus gehabt. Aber das war nicht so schlimm. Sie wusste, beim ersten Mal war es oft so. Aber sie würden noch viele Gelegenheiten haben, sich zu lieben.
Jetzt lagen sie nebeneinander auf dem Bett, streichelten einander, redeten und lauschten der Musik.
Beide waren unendlich glücklich. Sie wussten nun endlich, wie es war, und es war wunderschön gewesen.

12.

„Stella? Hast du schon gesehen?“
Yvonne knallte Stella einen Packen Schülerzeitungen auf den Tisch.
„Das sind sie!“, rief sie. „300 Exemplare.
Und was soll ich dir sagen? 100 haben wir schon verkauft. Ofenfrisch wie ein gebackenes Brötchen. Die Nummer ist echt der Hit.“
„Genial!“, strahlte Stella.
Yvonne sah sie plötzlich misstrauisch an.
„Wieso grinst du so?“, fragte sie.
„Hä? Ich grinse doch nicht. Ich freue mich einfach, dass sich die Zeitung …“
Stella fühlte, dass sie knallrot geworden war.
„Stella? Sei ehrlich! Du hast es diese Nacht gemacht!“, stellte Yvonne fest.
Jetzt musste Stella laut lachen. Sie fühlte sich so wundervoll, so leicht und fröhlich, so verrückt und ausgeflippt.
„Gestern Nachmittag“, gab sie zu.
Yvonne nickte. „Das sieht man dir an. Du siehst völlig anders aus. So … so … erwachsen.“
Sie lächelte. „Und wie war es?“
„Fantastisch.“

„He, Bruder!“ Florian boxte Marcel in die Seite. „Und? Hast du gestern?“

Sie waren auf dem Weg zur Schule.

„Was soll ich haben?“ Marcel stellte sich blöd.

Nun ging Hendrik auf der anderen Seite neben ihm.

„Oh Mann. Habt ihr jetzt geschnackelt, oder nicht? Flo und ich haben euch extra den ganzen Nachmittag Zeit gegeben.“

Marcel lachte und zog seine Schultasche fester auf den Rücken.

„Also gut, meine Lieben. Ich sag's euch. Wir haben es gemacht. Und es war toll.“

„Glückwunsch“, rief Flo begeistert und schlug ihn so fest auf den Rücken, dass Marcel laut aufschrie.

„Auch von mir“, ergänzte Hendrik und schlug ebenfalls zu.

Marcel boxte in beide Richtungen zurück. „Danke euch!“, sagte er.

„Kein Thema“, winkte Hendrik ab. „Wenn du was über verschiedene Stellungen, über einen flotten Dreier, ein Liebeskamasutra oder sonst was wissen willst, frag einfach.“

Nun sind Stella und Marcel schon ein halbes Jahr zusammen und immer noch sind sie furchtbar ineinander verliebt. Mittlerweile haben sie schon oft miteinander geschlafen, und auch für Stella ist es richtig gut geworden. Manchmal probieren sie neue Stellungen aus. Einmal haben sie sich tatsächlich ein Kamasutrabuch gekauft, verschiedene Liebesknoten ausprobiert und sich dabei vor allem kaputtgelacht.

Das Geheimnis ihrer guten Beziehung ist es, dass sie viel zusammen machen, aber auch ihren eigenen Freundeskreis nicht vernachlässigen.

In der Schule gelten die beiden als Traumpaar. Und für die letzte Ausgabe der Schülerzeitung haben sie Yvonne ein Interview über ihre Beziehung gegeben.

„Alles begann mit dem Artikel über Sex", berichtete Stella, und Marcel fügte lachend hinzu: „Sie wollte nämlich von mir wissen, wie mein erstes Mal war."

Auch Stella lachte jetzt laut.

„Aber das weiß ich ja jetzt", prustete sie. „Ich war ja selbst dabei."